Kerstin Kiefel, Dorothea Pelliccioni, Stefanie Elsner

Halle an der Saale

Rundgänge durch die Stadtgeschichte

SUTTON FREIZEIT

DANKSAGUNG

Die Zusammenstellung und Auswahl der Routen und Informationen für dieses Buch war eine Herausforderung, bei der mich insbesondere Dorothea Pelliccioni und ihr Mann Matthias unterstützten. Ihnen gilt mein herzlichster Dank für all die schönen Anregungen, das Fachwissen, die Recherchen und ihren unermüdlichen Fleiß und die Geduld bei der Erarbeitung aller Rundgänge. Vielen Dank an Stefanie Elsner für die zahllosen Stunden, die sie mit ihrer Kamera durch Halle streifte. Ihre zahlreichen schönen Fotografien bereichern nun dieses Buch.

Ich bedanke mich bei allen Korrekturlesern, insbesondere bei Herrn Jens Stiehler, sowie allen Mitstreitern und Freunden von StattReisen Halle, die mir mit Geduld und Verständnis zur Seite standen. Dem Stadtarchiv Halle möchte ich für die Bereitstellung der historischen Aufnahmen danken, Herrn Dr. phil. Gerhard Richwien für die Zurverfügungstellung seiner Ausarbeitungen zum Haus der heutigen Leopoldina. Des Weiteren einen herzlichen Dank an Maximilian Metz, der uns mit seiner speziellen Kamera aktuelle Luftaufnahmen von Halles Marktplatz, Giebichenstein und dem Paulusviertel erstellte, sowie an den Leiter des Zentralmagazins Naturwissenschaftlicher Sammlungen, Dr. Frank D. Steinheimer, für die Bereitstellung der historischen Aufnahmen aus dem Fotoglasplatten-Archiv von Julius Kühn. Für den neuen Lageplan des Universitätsplatzes und die Innenaufnahmen des Löwengebäudes sowie des Juridicums mein Dank an Katharina Nitschke von der Martin-Luther-Universität Halle-Wittenberg / Hochschulmarketing. Zusätzlich ein Dank an die Paulusgemeinde, die mir die historischen Aufnahmen der Pauluskirche und von deren Einweihung sowie vom Steintor Varieté (Aufnahme des historischen Steintors) zur Verfügung stellte.

Kerstin Kiefel,
Herausgeberin & Inhaberin von StattReisen Halle

Impressum

Sutton Verlag GmbH
Schweickhardtstraße 1
72072 Tübingen
www.suttonverlag.de

2. Auflage 2023

ISBN: 978-3-96303-087-1

Printed in Poland by CGS Printing

Gestaltung und Herstellung: Sutton Verlag
Lektorat: Una Giesecke

INHALT

EINFÜHRUNG IN DIE GESCHICHTE DER STADT

Mein Saalathen, ich scheide.
Ich scheide, weil ich soll.
Dir dank ich manche Freude.
Mein Halle, lebe wohl.
(Studentenstammbuch des Ludwig Heinrich Gottfried Wittcke, 1789–1793)

Halle an der Saale mit seiner mehr als 1.200-jährigen Geschichte zählt – häufig verkannt – zu den schönsten Städten Mitteldeutschlands. Die Stadt verdankt ihre Entstehung vor allem den Solequellen, die hier aus dem Untergrund hervortreten. Ihre erste große Blüte erlebte die Stadt im späten Mittelalter und zu Beginn der Neuzeit. Als Residenz von Kardinal Albrecht, dem zu seiner Zeit mächtigsten Fürsten nach dem Kaiser, stand Halle für einige Jahrzehnte im Blickpunkt des gesamten Reiches. Unsere Rundgänge bieten eine spannende Spurensuche in dieser glanzvollen Epoche.

Aber auch die Zeit der Industrialisierung und die Moderne prägten und prägen diese Stadt unübersehbar bis heute. Auf den Rundgängen tauchen wir ein in die Zeit des Kaiserreiches zwischen 1871 und 1918, als „Märchenschlösser" gebaut und die Stadt vollkommen umgestaltet wurde.

Die Saale ist nicht nur einfach ein Fluss im Westen der Stadt, sondern seit Jahrhunderten Lebensader und Transportweg, bietet aber auch Platz zum Verweilen und Entspannen. Im Rundgang 4 begeben Sie sich zu den romantischsten Orten der Stadt. Die spannende Geschichte Halles wird so nicht nur einfach erzählt, sondern in den sechs thematisch ausgerichteten Spaziergängen erlebbar.

Geschichte bis zum Frühmittelalter

Halle an der Saale befindet sich in einem historisch sehr spannenden Raum. Funde aus der Stein- und der Frühbronzezeit, die im

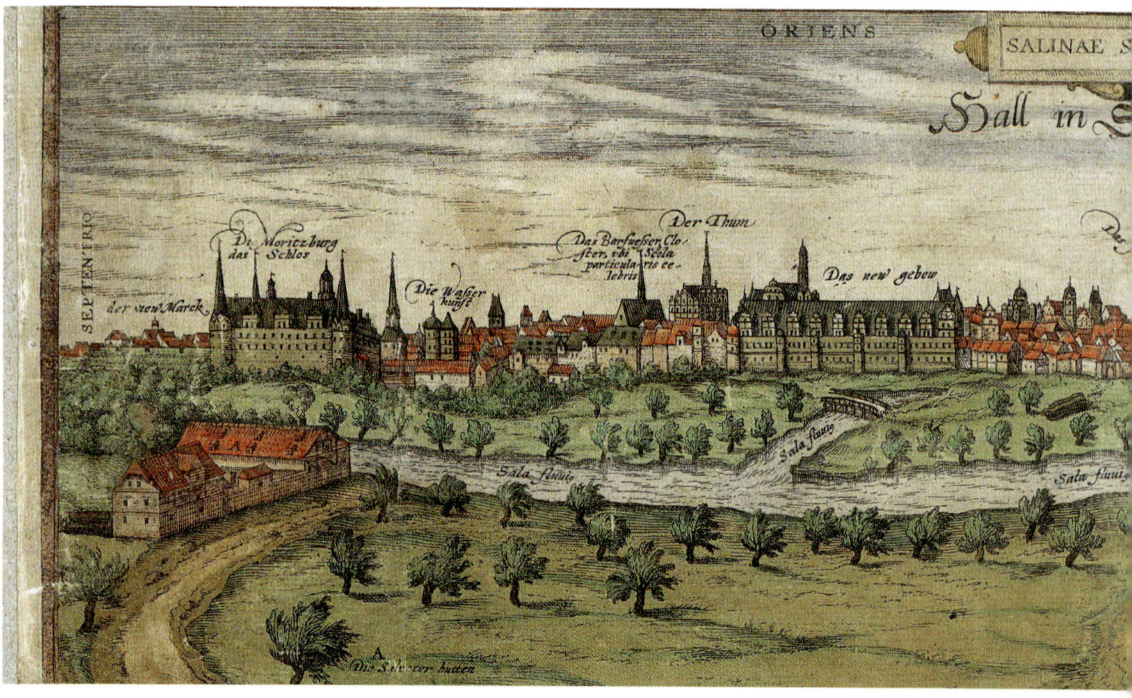

halleschen Landesmuseum für Vorgeschichte eindrucksvoll präsentiert werden, belegen eine frühe Besiedlung des heutigen Südens von Sachsen-Anhalt. Die günstigen klimatischen Bedingungen und der Reichtum an Nahrung in den dichten Laubwäldern dürften dazu ebenso wie die Lage am Fluss beigetragen haben. Später ließen sich die Thüringer und Wenden in der Region rund um Halle nieder. Nachdem bereits der früheste Nachweis hierfür aus der Bronzezeit stammt, nutzten auch sie die Möglichkeit zur Gewinnung von Salz aus den Solquellen, die wegen der Markplatzverwerfung, einer markanten geologischen Störung im Untergrund, zutage traten.

Während die Slawen den Ort *Dobrebora* (der gute Brunnen) nannten, tauchte auch der heutige Name frühzeitig auf. Die Namensform *Halla* wurde oft als aus dem Keltischen stammend angesehen, da, vor allem im süddeutschen Raum, mehrere Salzstädte mit diesem Namensbestandteil existieren. Allerdings wird auch die germanische Bedeutung der „Halde" oder „Schräge" ins Feld geführt.

Im Jahr 806 kam es zur ersten urkundlichen Erwähnung Halles im *Chronicon Moissiacence*. Veränderungen der politischen Strukturen zu Beginn des 10. Jahrhunderts hoben die Herzöge von Sachsen als neue Herrscher im frühmittelalterlichen Deutschen Reich empor. Unter Heinrich I. rückte die Region des heutigen Mitteldeutschlands somit mehr in den Blickpunkt der Geschichte. Sein Sohn Otto I., im Jahr 962 zum ersten römisch-deutschen Kaiser gekrönt, gründete 968 das Erzbistum Magdeburg, zu dem auch Halle an der Saale gehörte. Die Magdeburger Erzbischöfe bauten die unweit von Halle gelegene Burg Giebichenstein zu einer ihrer bevorzugten Residenzen aus. Zu dieser Zeit traten auch die frühen Wettiner von ihrem Stammterritorium nördlich der Stadt in die überlieferte Geschichte ein. Neben der unmittelbaren Nachbarschaft zu Sachsen im Westen, Süden und Osten der Stadt, sind insbesondere auch die Erzbischöfe aus dem Haus der Wettiner von stadtgeschichtlichem Interesse.

Stadtansicht von Halle, Kupferstich von Johannes Mellinger, um 1580.

Blick von der Leipziger Straße kommend auf den Marktplatz mit seinen fünf Türmen (M. Metz).

Mittelalter bis nach dem Dreißigjährigen Krieg

Mit dem Stadtausbau um 1120 begann der Aufstieg der Stadt. Bevor Salz im 19. Jahrhundert zur industriellen Massenware wurde, war das *Weiße Gold* ein überaus wertvolles Handelsgut, das nicht nur zum Würzen, sondern vor allem zum Konservieren von Speisen benötigt wurde. Im gesamten Reich waren nur wenige Solquellen bekannt, aus denen Salz gewonnen werden konnte. Halle lag strategisch günstig an wichtigen Handelsstraßen. Die dichten Laubwälder boten ausreichend Brennmaterial zum Sieden. Die Magdeburger Erzbischöfe verliehen Anteile an den Salzpfannen an die Bürger der Stadt. Diese Anteile konnten sowohl vererbt als auch verkauft werden. Die Anteilseigner (Pfänner) ließen die Sole in den Siedehäusern zu Salz versieden. Die eigentliche Herstellung des Salzes lag daher bei den Salzwirkern (Halloren). Auf dem Gebiet des heutigen Hallmarktes gab es im Mittelalter etwa 100 Siedehäuser.

Die Pfänner organisierten und verkauften das Salz und entwickelten sich nach und nach zu wohlhabenden und einflussreichen Bürgerfamilien mit stetig wachsendem Selbstbewusstsein. So stellte die machtbewusste hallesche Pfännerschaft in einem 1263 mit dem Erzbischof Rupertus von Magdeburg geschlossenen Vertrag sicher, dass im Umkreis einer Meile kein weiterer Solbrunnen und keine Burgen angelegt werden durften. 1310 kam es zu einem erneuten Vertrag zwischen dem Erzbischof von Magdeburg und der Stadt. Hierin wurde der Stadt vom amtierenden Erzbischof Burchardt III.

gestattet, dass sie sich von nun an selbst verwalten darf.

Das frühe Zentrum der Stadt war der Alte Markt. Hier besaßen die wohlhabenden Kaufleute und Handwerkerinnungen ihre Wohn- und Geschäftsräume. Die Salzproduktion befand sich dagegen im Umfeld der vier Solquellen auf dem Gebiet des heutigen Hallmarktes. Mit der 1418 begonnenen Errichtung des Roten Turmes wurde das Stadtbild Halles als „Stadt der fünf Türme" geprägt. Der 1506 fertiggestellte Turm, der wie ein italienischer *Campanile* frei auf dem Marktplatz steht, ist eine städtebauliche Rarität nördlich der Alpen. Seine Höhe beträgt 140 hallesche Ellen, was in etwa 84 Metern entspricht.

Auch sonst gab es zu dieser Zeit an allen Ecken und Enden der Stadt Bautätigkeiten. Die Stadtbefestigung wurde ausgebaut, Gotteshäuser erfuhren eine Erweiterung zu für die damalige Zeit unvorstellbar großen Hallenkirchen. Der heutige Marktplatz war bereits seit dem späten 13. Jahrhundert das Zentrum der Stadt. Die Marienkirche und die Gertrudenkirche am Markt besaßen jeweils beeindruckende Turmpaare, die den Ankommenden schon von Ferne den Reichtum der Stadt vor Augen führten. Halle war Mitglied der Hanse und weitgehend selbstständig. Eine Zäsur in der Stadtentwicklung ist für das Jahr 1478 festzustellen. Der schon seit Längerem schwelende Konflikt um Macht zwischen den Handwerkerinnungen auf der einen und den Pfännern auf der anderen Seite eskalierte.

Dies nutzte der Erzbischof Ernst von Wettin (1464–1513) geschickt aus, nahm die Stadt unter seine unmittelbare Verwaltung und verbot die Mitgliedschaft in der Hanse. Als dann schließlich 1497 auch noch das benachbarte, zu dieser Zeit weit weniger bedeutende Leipzig von Kaiser Maximilian I. das Messeprivileg erhielt, war das Ansehen Halles endgültig beschädigt.

Um seine Macht zu zementieren, brach Ernst von Wettin den 1263 geschlossenen Vertrag zwischen dem Erzbistum und der Stadt und ließ innerhalb der Stadtmauern die Moritzburg errichten, eine Zwingburg, die er 1503 bezog. Endgültig zur Residenzstadt der Magdeburger Erzbischöfe wurde Halle nach dem Tod Ernst von Wettins im Jahr 1513. Sein Nachfolger Albrecht von Brandenburg (1490–1545), der spätere Kardinal Albrecht, ließ nicht nur die Moritzburg zu einem glanzvollen Residenzschloss ausbauen. Mit der Umgestaltung der Dominikanerkirche und der Errichtung eines moderneren Schlosses, der – wie sie später genannt wurde – Neuen Residenz, schuf er auch ein Renaissance-Ensemble, das zur damaligen Zeit nördlich der Alpen seinesgleichen suchte. Um sein „Neues Stift" mit seiner umfangreichen Kunst- und Reliquiensammlung, seinen aufwendigen Hofstaat sowie seine ungezügelte Bauwut zu finanzieren, betrieb er regen Ablass-

Kardinal Albrecht, Kupferstich von Albrecht Dürer (1523).

handel. Nicht zuletzt die unlauteren Vertriebsmethoden seines Magdeburger Agenten, des Dominikaners Johann Tetzel, gaben Martin Luther den Anlass zu den 93 Thesen, die er am 31. Oktober 1517 vorlegte.

Mit dem Beginn der Reformation in Mitteldeutschland wurde es nun auch für den Kardinal in Halle komplizierter. Nach und nach entwickelte er sich zu einem der Erzfeinde der Reformation. All seine Bemühungen, die Reformation in der Saalestadt zurückzudrängen, scheiterten jedoch. Seine enormen Schulden zwangen ihn, Halle 1541 zu verlassen. Die Stadt trat noch im selben Jahr zum Protestantismus über. Halle blieb zwar bis 1680 Residenzstadt der Administratoren des Erzstiftes Magdeburg, die hallesche Bürgerschaft war jedoch gestärkt. Das Renaissance-Rathaus auf dem Markt sowie zahlreiche in dieser Zeit errichtete prachtvolle Bürgerhäuser geben ein Zeugnis von diesen glanzvollen Zeiten der halleschen Bürgerschaft.

Der Dreißigjährige Krieg (1618–1648) bedeutete einen großen Aderlass für die Stadt. Nicht nur die Moritzburg und die Burg Giebichenstein wurden stark in Mitleidenschaft gezogen, infolge der jahrelangen, wechselnden Truppenbesetzungen, durch Plünderungen, Hungersnöte und Seuchen lag auch die Stadt zum Ende des Krieges wirtschaftlich und moralisch völlig am Boden. Lebten um 1600 etwa 10.000 Einwohner in Halle, sank die Zahl am Ende des Krieges im Jahr 1648 auf etwa 8.000. Nach der großen Pestepidemie von 1681–83 lebten nicht einmal mehr 5.000 Menschen in der Stadt. Halle drohte in die Bedeutungslosigkeit zu versinken.

Aufklärung bis zum Ende der Napoleonzeit

Dass dies nicht geschah, liegt auch an einem Ereignis, das sich 1694 zutrug. Nachdem 1680 das Erzstift Magdeburg als ein Ergebnis des 1648 geschlossenen Westfälischen Friedens an das Kurfürstentum Brandenburg fiel, gründete Kurfürst Friedrich III. in Halle die alma mater halensis, die Friedrichs-Universität. Dank dem Rechtsgelehrten Christian Thomasius und dem Philosophen Christian Wolff avancierte Halle bald zu einem führenden Zentrum der Frühaufklärung. Gleichzeitig gründete August Hermann Francke (1663–1727) um 1700 im damaligen Armenviertel vor den Toren der Stadt eine Waisenhausschule, aus der sich die Schulstadt der Franckeschen Stiftungen entwickelte. Bis zu 2.000 Schüler wurden hier nach den Grundsätzen des Pietismus unterrichtet. Zwar hat es das weltberühmte auf einer einheitlichen Idee beruhende Gebäudeensemble nicht auf die UNESCO-Weltkulturerbe-Liste geschafft, so stellt es trotzdem etwas in der Welt Einzigartiges dar. 1710 gründete Freiherr Carl Hildebrandt von Canstein in Zusammenarbeit mit Francke in Halle die Cansteinsche Bibelanstalt. Halle war im 18. Jahrhundert ein beachtetes Zentrum der Geisteswissenschaften.

Halle ist architektonisch sicher keine klassische Barockstadt. Anders als in Dresden oder Leipzig folgt die Architektur der in dieser Zeit entstandenen Gebäude – allen voran die Franckeschen Stiftungen – ganz der pietistischen Lehre und ist von Einfachheit und Strenge geprägt.

Das Musikleben in Halle, das bereits im 17. Jahrhundert mit dem Wirken von Samuel Scheidt seinen ersten Höhepunkt erlebte, erfuhr in dieser Zeit einen erneuten Aufschwung. Georg Friedrich Händel erlernte in Halle die Kunst der Komposition und das Orgelspiel.

Unruhige Zeiten in ganz Europa brachen nach der Französischen Revolution 1789 herein. Die Armeen Napoleons besetzten die Stadt Halle im Jahr 1806. Kaiser Napoleon I. selbst weilte wenige Tage später in der Stadt und eine seiner ersten Amtshandlungen war es, die Universität zu schließen. Halle wurde nach dem Tilsiter Frieden 1807 dem im französischen Einflussbereich stehenden Königreich Westphalen zugeordnet. Nach dem Ende der Koalitionskriege fiel die Region um Halle wieder zurück an das Königreich Preußen, es entstand, unter Einbeziehung weiter Teile Kursachsens, die Provinz Sachsen mit den Regierungsbezirken Magdeburg und Merseburg.

Industrialisierung bis nach dem Ersten Weltkrieg

Durch den über die Jahrhunderte hinweg hohen Bedarf an Brennholz in den Siedehütten der Pfänner war die Gegend um Halle seit Langem zum größten Teil abgeholzt. Die fruchtbaren Schwarzerdeböden wurden nun landwirtschaftlich genutzt. Mit der zunehmenden industriellen Herstellung von Zucker aus der einheimischen Zuckerrübe wuchs in der ersten Hälfte des 19. Jahrhunderts der Bedarf sowohl an Kohle zur Befeuerung der Zuckerraffinerien als auch an Maschinen und landwirtschaftlichen Geräten rasant. Der schon seit dem ausgehenden Mittelalter in der Region ansässige Stein- und Braunkohleabbau wurde erheblich ausgeweitet. Mit der Verschwelung der Kohle zu Teer war der Grundstock für den Aufbau der Chemischen Industrie im Raum Halle gelegt. Maßgeblichen Anteil daran hatte Carl Adolf Riebeck, der in dieser Zeit ein Imperium aus Schwelereien, Paraffin- und Brikettfabriken schuf und zum reichsten Bürger Halles wurde. Sein Grab ist heute auf dem Stadtgottesacker zu besichtigen. Der Anschluss an das Eisenbahnnetz Mitte des 19. Jahrhunderts schaffte weiteren Aufschwung. In den folgenden Jahren entstanden vor den Toren der damaligen Stadt, vorrangig im Süden entlang der Straße nach Merseburg, zahlreiche Fabriken des Maschinenbaus, der Chemie- und der Lebensmittelindustrie. Mit dem Bedarf an Arbeitskräften stieg auch die Nachfrage an Wohnraum, da die Bevölkerungszahl rasch anwuchs. Die Stadtväter waren in Anbetracht der rasanten Stadtentwicklung gezwungen, auch die Infrastruktur zu entwickeln und die Stadtplanung grundlegend zu verändern. So wurde 1891 in Halle die erste elektrifizierte Straßenbahn Deutschlands in Betrieb genommen. Die Zahl der Einwohner überstieg 1890 die Zahl von 100.000. Halle zählte nun zu den Großstädten im Kaiserreich.

Das Zeitalter des Deutschen Kaiserreiches zwischen 1871 und 1918 prägt bis heute das Bild der Stadt entscheidend. Halle glich zu dieser Zeit wohl einer einzigen Baustelle. Viele mittelalterliche Straßenzüge der Altstadt wurden abgerissen und neu bebaut, ganze Stadtteile neu geschaffen – so das Mühlweg- und das Paulusviertel. Gas-, Elektrizitäts-, Wasser- und Klärwerke entstanden, die Kanalisation und das Strom- und Wasserleitungsnetz wurden ausgebaut. Die Stadt dehnte sich immer weiter aus, sodass 1900 neben Giebichenstein auch Trotha und Kröllwitz eingemeindet wurden.

Die Entwicklung der Stadt wurde im ersten Drittel des 20. Jahrhunderts maßgeblich durch Richard Robert Rive (1864–1947) geprägt, der von 1906 bis 1933 Oberbürgermeister von Halle war. Rive betrieb die Stadtmodernisierung sowohl im Bereich der Verwaltung, der Infrastruktur, aber auch in der Kunst- und Kulturpolitik. Rive hatte maßgeblichen Anteil am Aufstieg des Kunstmuseums Moritzburg von einem provinziellen Kunstgewerbemuseum zu einer der bedeutendsten Sammlungen des deutschen Expressionismus. Auch an der Gründung der Kunstgewerbeschule Burg Giebichenstein war er maßgeblich beteiligt.

Vom Ersten Weltkrieg blieb die Stadt verschont. Halle war zu dieser Zeit eines der bedeutendsten industriellen Zentren Deutschlands. Die große Zahl an Arbeitern verstärkte die sozialen und politischen Spannungen nach

Ende des Ersten Weltkrieges. Der Beginn der 1920er-Jahre war durch zahlreiche Unruhen geprägt, beispielsweise im Zusammenhang mit der Niederschlagung des Kapp-Putsches 1920. Radikale Gruppierungen sowohl des rechten als auch des linken Spektrums lieferten sich fortdauernde Konfrontationen. Nicht zuletzt die später verklärte Tragödie um den Tod des „Kleinen Trompeters" 1925 im halleschen Volkspark steht als Beispiel für diese politisch unruhigen Zeiten in der Stadt.

Halle zur Zeit des Nationalsozialismus

Mit der Machtergreifung der Nationalsozialisten 1933 begann auch in Halle eines der düstersten Kapitel der Stadtgeschichte. Im aus der Kaiserzeit stammenden Zuchthaus „Roter Ochse" gab es fortan einen Folterkeller, sämtliche demokratischen Parteien, aber auch Freimaurerlogen und Gewerkschaften wurden verboten. Am 12. Mai 1933 verbrannte man auf dem Universitätsplatz „undeutsche" Bücher. In der Nacht zum 10. November 1938 steckte der braune Mob die große Synagoge in der Großen Brauhausstraße/Ecke Großer Berlin in Brand.

Im Zweiten Weltkrieg blieb Halle im Vergleich zu anderen deutschen Großstädten von Flächenbombardements weitgehend verschont. Trotzdem kam es bei Bombenangriffen 1945 zu Zerstörungen, auch an historisch wertvollen Gebäuden wie dem Alten Rathaus, der Ratswaage, dem Stadttheater und dem Stadtgottesacker sowie an der Infrastruktur.

Am 16. April 1945 belagerten amerikanische Truppen die Stadt. Dass Halle keine größeren Schäden erlitt, wird auch einer Gruppe um den hier lebenden früheren Korvettenkapitän des Ersten Weltkrieges, Felix Graf von Luckner (1881–1966), zugeschrieben. Der Legende nach gelang es ihm durch seine Bekanntheit bei den Amerikanern, die Stadt vor der Zerstörung zu bewahren. Im Juli 1945 zogen die amerikanischen Truppen ab, die Sowjetunion war gemäß dem Potsdamer Abkommen die neue Besatzungsmacht.

Halle im Sozialismus

Am Ende des Zweiten Weltkrieges wurde Halle zunächst Hauptstadt des nach der Auflösung Preußens neu gebildeten Landes Sachsen-Anhalt und 1952 Hauptstadt des Bezirkes Halle. Die Voraussetzungen für einen Neubeginn nach dem Krieg waren vergleichsweise günstig, da die Stadt weitgehend unversehrt war. Schwer wog jedoch der Abtransport ganzer Industrieanlagen, die als Tribut an die sowjetische Siegermacht abgeführt werden mussten. Wegen der nur geringen Zerstörungen gab es zunächst nur geringe Investitionen in die städtebauliche Entwicklung. Das bei dem Luftangriff vom 31. März 1945 beschädigte Alte Rathaus und die Ratswaage wurden – wohl auch aus ideologischen Gründen – abgerissen. Zunächst hatten die Investitionen in den Ausbau der Industrie Vorrang.

Die Unzufriedenheit der Bevölkerung mit den Lebensverhältnissen entlud sich am 17. Juni 1953 in wütenden und zum Teil gewalttätigen Protesten gegen die Staatsmacht. Mehr als 60.000 Menschen kamen auf dem Hallmarkt zusammen, wo heute eine Gedenktafel an dieses Ereignis erinnert.

Die Region um Halle war eine der industriellen Kernregionen der ehemaligen DDR und für die Strategen der Planwirtschaft von großer Bedeutung. Zur Linderung der Wohnungsnot begann man in den 1960er-Jahren mit der Errichtung der Wohnstädte Süd und Nord sowie später der Silberhöhe – eine groß angelegte Erweiterung der Stadt. Der Bedarf an Wohnraum stieg jedoch weiter, da für die umliegenden Großbetriebe, allen voran die Chemiewerke in Leuna und Buna, Arbeitskräfte aus der ganzen DDR angeworben wurden. Auf dem Reißbrett entstand daher unter der Leitung von Richard Paulick, einst Assistent von Walter Gropius am Dessauer Bauhaus, Halle-Neustadt, das Ende der 1980er-Jahre fast 100.000 Einwohner hatte. Anfangs waren die modernen Wohnungen sehr begehrt, bald jedoch traten Probleme zutage, die insbesondere mit der fehlenden Urbanität im Zusammenhang standen und die bis heute städtebaulich nicht vollständig gelöst sind.

Die hallesche Kulturpolitik war neben der ideologisch ausgerichteten Förderung der Kunst des „real existierenden Sozialismus" doch auch zunehmend auf die Bewahrung des kulturellen Erbes ausgerichtet. Bedeutende Bauwerke der Stadt wurden restauriert oder zumindest instand gehalten. Mit den Händel-Festspielen rief man eine weltweit beachtete Institution zur Erinnerung an den wohl größten Sohn der Stadt ins Leben.

Problematisch waren insbesondere die zunehmende und kaum noch erträgliche Umweltbelastung und der rasant voranschreitende Verfall der Innenstadt. Aus dieser Zeit stammt der auf einer Fotodokumentation beruhende Name der Stadt „Diva in Grau". Mit der Verschlechterung der finanziellen Lage der DDR in den 1980er-Jahren sah man keinen anderen Ausweg, als ganze Straßenzüge der historischen Altstadt abzureißen und durch industriell gefertigte Plattenbauten zu ersetzen. Auch moralisch verlor die Staatsführung immer mehr an Reputation. Mit den Demonstrationen am 7. Oktober 1989, die die Staatsmacht noch mit Gewalt auflöste, begann auch in Halle die Wende. Die erste Montagsdemonstration am 16. Oktober 1989 war dann von der halleschen Parteiführung nicht mehr zu verhindern. Ihr verzweifelter Versuch, am 30. Oktober 1989 eine Gegendemonstration unter dem Motto „Rote Fahnen gegen weiße Kerzen" zu organisieren, scheiterte kläglich. Am 9. November 1989 entband die SED-Bezirksleitung Halle Hans-Joachim Böhme von der Funktion des Ersten Sekretärs.

Von der politischen Wende bis heute

Den wohl größten Umbruch erfuhr die Stadt Halle nach 1990 im Zusammenhang mit der Wiedervereinigung. Noch nie in der über 1.000-jährigen Geschichte vollzog sich ein friedlicher Umbruch in so kurzer Zeit und so umfassend. Wie immer bei epochalen Umbrüchen gab es auch hier sowohl Gewinner als auch Verlierer.

Da war zunächst der Wandel in der Wirtschaftsstruktur. Vor der Wende waren in Halle selbst sowie im Umland zahlreiche Großbetriebe mit zum Teil mehreren Tausenden Beschäftigten angesiedelt. Bald nach der Öffnung der Märkte waren diese aufgrund der viel zu geringen Arbeitsproduktivität nicht mehr konkurrenzfähig und mussten ihre Pforten schließen. Tragische Beispiele sind hier der Waggonbau Ammendorf, die Plastwerke Ammendorf und die zahlreichen Maschinenbaubetriebe entlang der Merseburger Straße. Ganze Industriegebiete im Süden und Osten von Halle waren nunmehr ohne Nutzung und sind es teilweise bis heute noch. Damit einher ging der Verlust von Arbeitsplätzen für viele Tausende Hallenser. Der aufstrebende Dienstleistungssektor konnte diese Entwicklung nur bedingt auffangen.

Noch heute ist trotz intensiver Bemühungen die Anzahl der Industriearbeitsplätze in Halle vergleichsweise gering. Erfreuliche Ausnahmen bilden hier die Pumpenwerke KSB, die Halloren Schokoladenfabrik sowie der Backmischungshersteller Kathi.

Der Verlust der Arbeitsplätze brachte auch eine massive Abwanderungsbewegung mit sich. Insbesondere junge Menschen verließen die Stadt und gingen dorthin, wo die Aussicht auf attraktive Arbeitsplätze bestand. Noch immer

Das Saaletal im Norden von Halle mit den Ruinen der Burg Giebichenstein (M. Metz)

gilt Halle als die größte Stadt Sachsen-Anhalts, wenngleich sie sich in den vergangenen Jahren ein enges Kopf-an-Kopf-Rennen mit der Landeshauptstadt Magdeburg lieferte. Erfreulicherweise konnte der Bevölkerungsschwund nicht zuletzt aufgrund der hohen Zahl an Studenten der halleschen Universität gestoppt werden. Die Studenten machen immerhin rund zehn Prozent der Einwohnerschaft aus.

Es gibt mittlerweile sehr erfreuliche Entwicklungen in der jüngeren Stadtentwicklung. In ihrem Leitbild setzt die Stadt Halle heute die Schwerpunkte in den Bereichen Wissenschaft, Innovation und Kultur. Wenngleich nur inoffiziell, trägt Halle unangefochten den Titel Kulturhauptstadt Sachsen-Anhalts. Neben dem Ausbau der Universität ist der am Weinberg etablierte Technologiepark „weinberg campus" hervorzuheben, der zweitgrößte Wissenschafts- und Technologiepark Ostdeutschlands, der mittlerweile Weltruf genießt. Neben nam-

haften Forschungseinrichtungen wie dem Leibniz-Institut, der Fraunhofer-Gesellschaft, der Max-Planck-Gesellschaft und der Helmholtz-Gesellschaft siedelten sich hier zahlreiche junge, innovative Unternehmen mit Schwerpunkt unter anderem in der Biotechnologie an. Vielleicht scheint es nur eine Frage der Zeit zu sein, bis sich im Goldenen Buch der Stadt Halle ein frisch gekürter Nobelpreisträger eintragen kann. Die Ernennung der schon seit vielen Jahren in Halle ansässigen Leopoldina zur Nationalen Akademie der Wissenschaften unterstreicht die herausragende Stellung der Stadt auf den Gebieten der Wissenschaft. Sie hat mit dem ehemaligen Logenhaus auf dem Jägerberg einen beeindruckenden Sitz in der Stadt gefunden.

Trotz chronisch knapper Stadtkasse versucht die Stadt ihr hohes Niveau an kulturellen Angeboten weitgehend aufrechtzuerhalten. Nach der Zusammenlegung von Hallescher Philharmonie und Opernhausorchester besitzt die Stadt Halle aktuell wohl eines der größten Sinfonieorchester Deutschlands – die Staatskapelle. Die jährlich im Juni stattfindenden Händel-Festspiele locken Liebhaber des Barockkomponisten aus der ganzen Welt in die Stadt. Über die Stadtgrenzen hinaus bekannt ist auch die Kulturinsel Halle.

Nicht zuletzt durch die große Zahl an Studenten mit ihrem hohen Kreativitätspotenzial entstand in den vergangenen dreißig Jahren zudem eine vielseitige und lebendige alternative Kulturszene, die ebenfalls zu einer hohen Lebensqualität beiträgt. Beim Spaziergang durch die Stadt lohnt sich in dem Zusammenhang der genaue Blick auf verschiedene Gebäude, in denen sich moderne Kunst versteckt.

Auch das Stadtbild hat sich seit 1990 grundlegend geändert. Das Vorhaben der sozialistischen Planer aus den 1980er-Jahren, bis zum Jahr 2000 große Teile der Altstadt abzureißen und durch Plattenbauten zu ersetzen, wurde glücklicherweise durch die Wende zunichte gemacht. Die einstmalige „Diva in Grau“ ist längst Legende. Halle besitzt im Vergleich mit anderen deutschen Großstädten nun wieder eine der schönsten Altstädte Deutschlands. So lassen sich, wenn man die eingetretenen Wege der Touristen verlässt, durchaus viele Überraschungen entdecken. Also weichen Sie ruhig einmal von den Rundgängen ab und entdecken Sie die Stadt auf ihre eigene Art!

1. RUNDGANG

TÜRME, TORE, PROMENADEN

Entlang der ehemaligen Stadtbefestigung

Zur Einstimmung umrunden Sie die mittelalterliche Altstadt und tauchen entlang der ehemaligen Stadtmauer in die Geschichte Halles ein. Sie entdecken einen der schönsten historischen Friedhöfe Deutschlands, erkunden ein begehbares Denkmal und statten dem aus der Krimiserie „Polizeiruf 110" bekannten Hauptpostamt einen Besuch ab.

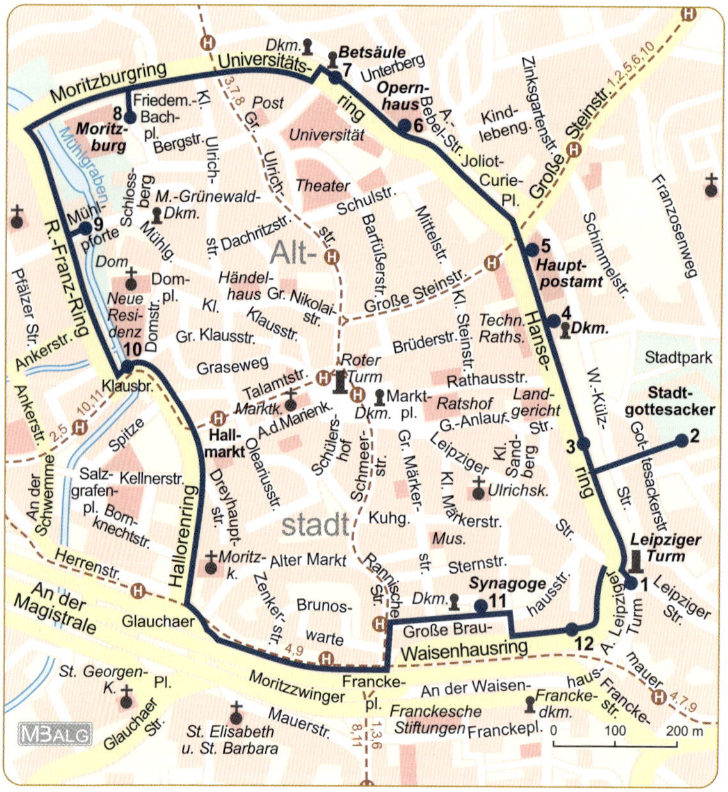

1,5 bis 2 Stunden

Leipziger Turm

Leipziger Turm (1)
Stadtgottesacker (2)
Hansering (3)
Fahnenmonument (4)
Hauptpostamt (5)
Opernhaus (6)
Betsäule (7)
Moritzburg (8)
Mühlpforte/Neumühle (9)
Klausbrücke (10)
Die Jüdische Synagoge (11)
Waisenhausring (12)

Für die Stadtentwicklung von Halle sind, abgesehen von den umfassenden Veränderungen nach 1989, besonders zwei Epochen prägend: der Übergang zwischen dem Spätmittelalter und der Neuzeit im 15. und 16. Jahrhundert sowie die Zeit des Deutschen Kaiserreiches zwischen 1871 und 1918. Was liegt da näher, als im ersten Rundgang zunächst die mittelalterliche Stadt einmal vollständig zu umrunden, um sich dabei entlang der ehemaligen Stadtmauer auf Spurensuche durch die Geschichte zu begeben. Die Umrundung der Altstadt führt Ihnen gleichzeitig vor Augen, wie tiefgreifend die Umgestaltung der Stadt in den Jahren der Gründerzeit war. Der Rundgang vermittelt so einen ersten Eindruck von der Geschichte und den Geschichten dieser Stadt und soll die Neugier wecken, in den folgenden Rundgängen noch tiefer in die Wirkungsstätten von Händel, Francke und Eichendorff einzutauchen.

Die erste Stadtbefestigung soll bereits um das Jahr 1000 entstanden sein und fand 1182 zum ersten Mal Erwähnung. Streckenweise handelte es sich dabei wohl noch um einen Palisadenwall, der nach und nach als steinerne Mauer ausgebaut wurde. Um 1200 war die Stadtbefestigung mit ihren sechs Toren und dem vorgelagerten Graben fertiggestellt. Der Verlauf der Mauer entsprach in etwa dem heutigen Verlauf der Ringstraßen, dem Sie in unserem Rundgang folgen werden. Dabei wurde zum Teil damals noch unbebautes Gelände eingeschlossen – eine durchaus weitsichtige Planung. Die Stadtmauer diente nicht nur zum Schutz vor Feinden, sondern markierte weithin sichtbar die Grenze zwischen dem Land und dem privilegierten Rechtsraum der Stadt. Die Stadt konnte von Händlern, Landbewohnern, aber auch den Stadtherren selbst nur durch die Tore betreten werden. An den ständig bewachten Toren konnten so Zölle auf Handelswaren eingezogen und unliebsame Gäste ferngehalten werden. Im 15. Jahrhundert begann dann ein umfassender Ausbau der Stadtbefestigungsanlagen, um der Weiterentwicklung der Militärtechnik Rechnung zu tragen. Dazu wurde eine weitere sogenannte Zwingmauer vor die bestehende Mauer gesetzt. In die Zwingmauer integrierte man Türme; die Tore wurden zu Torburgen mit Torhäusern ausgebaut. Spätestens jedoch nach der Erfindung weitreichender Feuerwaffen dürfte die Stadtbefestigung wohl kaum noch einem militärischen Angriff standgehalten haben. Später hatte die Ummauerung vorrangig die Aufgabe, die Stadt vor Räubern zu schützen und das Desertieren von Soldaten aus den Garnisonen über die nahe gelegene Grenze nach Sachsen zu verhindern.

Die Stadt öffnete sich nach Norden über das Ulrichstor, nach Nordosten durch das turmartige Steintor, nach Osten durch das Galgtor mit seinem hohen Wartturm, nach Süden durch das Rannische Tor und westwärts mittels Moritz- und Klaustor.

Nachdem Napoleon 1813 in der Völkerschlacht bei Leipzig besiegt worden war, begann sich auch in Halle langsam ein neues

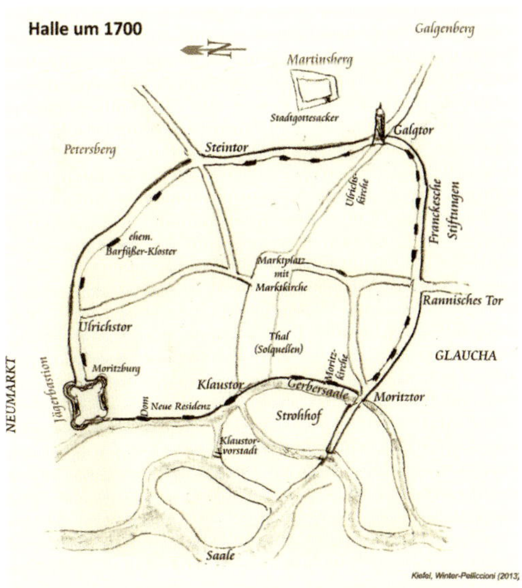

Die sechs Stadttore der historischen Stadtbefestigung.

Blick vom Hansering zum Leipziger Turm.

Lebensgefühl auszubreiten. Noch immer war die gesamte Altstadt von den Stadtbefestigungsanlagen umgeben. Dies hinderte nicht nur den immer stärker werdenden Verkehr von Droschken, Karren, Reitern und Fußgängern, sondern auch die Möglichkeiten einer weiteren Ausbreitung der Stadt. 1819 begann man daher mit dem umfassenden Abriss der gesamten Stadtbefestigung. Nach und nach fielen die Stadttore und in den folgenden Jahrzehnten dann die gesamten Stadtbefestigungsanlagen. Ursprünglich sollte auf den Flächen der abgerissenen Befestigungsanlagen ein stadtumspannender Grüngürtel mit weiträumigen Promenaden errichtet werden. Hierfür war eigens eine „Verschönerungskommission" gegründet worden.

Sie beginnen Ihren Rundgang am **Leipziger Turm (1).** Er ist der einzige noch erhaltene von damals circa 40 Türmen der ehemaligen Stadtbefestigung und mit seinen 44 Metern der höchste von allen. Schnell wird klar, warum dieser Turm so hoch sein musste, denn dahinter liegt eine Erhebung, die früher als Galgenberg bezeichnet wurde. Über den Berg (den heutigen Riebeckplatz) führte eine wichtige Handelsstraße nach Leipzig. Um den Galgenberg überblicken und nahende Feinde rechtzeitig erkennen zu können, musste der Turm so hoch gebaut werden. Neben dem Turm befand sich das Galgtor, das erste der sechs historischen Stadttore. Betrachten Sie nun den Turm selbst. Seine Außenmauern mit einer Stärke von fast drei Metern bestehen aus Bruchsteinen. 1573 erhielt der „runde Turm", wie er auch genannt wurde, seine unverwechselbare Renaissance-Haube. Die weithin sichtbare Uhr am Turm dürfte ihm beim Abriss der mittelalterlichen Stadtbefestigungsanlagen Anfang des 19. Jahrhunderts sein Überleben gesichert haben, da öffentliche Uhren zu diesem Zeitpunkt rar waren.

Den Leipziger Turm im Rücken, gehen Sie nun rechts entlang der Fußgängerpromenade Hansering. Der Straßenname weist darauf hin, dass Halle im späten Mittelalter für über 200 Jahre Mitglied der Hanse gewesen war. Seit 2001 besinnt sich die Saalestadt auf ihre Hansegeschichte und ist Mitglied im Städtebund Neue Hanse.

Nach etwa 50 Metern steigen Sie rechts die Stufen hinauf zur Gottesackerstraße. Diese führt nach oben zum Martinsberg und dort entdecken Sie schon den Eingang zum **Stadtgottesacker (2).** Diese Friedhofsanlage gilt als ein Meisterwerk der deutschen Renaissance im italienischen Stil und als einer der schönsten historischen Friedhöfe in Deutschland. Er ist nicht nur einer der ältesten Friedhöfe der Stadt, sondern auch eine architektonische Besonderheit. Die Renaissance-Anlage wurde im Stil eines italienischen *Camposanto* errichtet, eines hofartigen Friedhofs mit nach innen offenem Bogengang, und verströmt so

Blick vom Waisenhausring zum Leipziger Turm und zum Stadtschießgraben (abgerissen 1872–1875).

ein wenig toskanisches Flair in der Saalestadt. Seine Entstehung verdankt der Stadtgottesacker einer Anordnung von Kardinal Albrecht und dem Rat der Stadt aus dem Jahr 1529, wonach innerhalb der Stadtmauer keine Toten mehr begraben werden durften. Ihre letzte Ruhe fanden sie nun auf dem alten Pestfriedhof auf dem Martinsberg vor den Toren der Stadt. Zunächst befand sich hier die Martinskapelle, die jedoch abgerissen wurde. Ab 1557 wurde hier nach den Entwürfen Nickel Hoffmanns (um 1510–1592) die Anlage errichtet. Der Stadtgottesacker war bis zum Jahr 1851 der bedeutendste städtische Begräbnisplatz. Daher erfuhren die anzufindenden Grabmäler über unterschiedlichste Zeitepochen ihre Prägung. Immer wieder wurde die Anlage im Laufe der Jahrhunderte erweitert. Heute besteht der Friedhof aus einem Innenfeld mit vier Abteilungen und einer diese umschließenden Grabbogenanlage.

1945 zerstorten Sprengbomben einen Teil der Anlage. In den folgenden Jahrzehnten verfiel der gesamte Stadtgottesacker zusehends.

In den 1980er-Jahren war sein Zustand desaströs. Es gab jedoch zu dieser Zeit bereits erste Bemühungen zur Rettung des Friedhofes. Nach der Wende begannen der Wiederaufbau der zerstörten Anlage und die schrittweise bauliche Instandsetzung. Maßgeblich durch eine großzügige Privatspende von mehreren Millionen Euro gelang eine Rekonstruktion des gesamten Komplexes mit den 94 Grabbögen. Lange Zeit blieb die Spenderin anonym. Heute ist die 2012 verstorbene Dr. Marianne Witte, Tochter von Chemienobelpreisträger Prof. Dr. Karl Ziegler (1898–1973), Ehrenbürgerin der Stadt Halle. Bis heute findet man

Grabmale auf dem Stadtgottesacker.

eine große Anzahl an Gräbern von Bürgern der Stadt, die die geistige, kulturelle und wirtschaftliche Entwicklung der Stadt geprägt haben. Zu den bekanntesten Persönlichkeiten, die auf dem Friedhof bestattet wurden, zählen Georg Händel, Vater von Georg Friedrich Händel (Bogen 60); August Hermann Francke (Doppelbogen 80/81), Christian Thomasius (Bogen 10), Robert Franz (Innenraum Abt. II) und Carl Adolph Riebeck (Innenraum Abt. IV). Ein Relief Nickel Hoffmanns, des Baumeisters der Anlage, ist an der Innenseite des Eingangsportals zu finden.

Nach einem Spaziergang über den beeindruckenden Friedhof verlassen Sie die Anlage wieder durch das Haupteingangstor und kehren zurück zum Hansering.

Dieser Teil des **Hanserings (3)** bildet heute zusammen mit dem „Fahnenmonument“ ein von Christof Traub (*1963) errichtetes begehbares Denkmal mit dem Titel „Weg der Erinnerung“, das an den Wendeherbst 1989 erinnern soll. Auf der gesamten Promenade verteilt, sind im Boden mehrere Metallplatten eingelassen, die Losungen und Zitate darstellen, die untrennbar mit der Oppositionsbewegung in der DDR verbunden sind. Darunter sind so wortmächtige Leitsätze wie Rosa Luxemburgs Freiheitszitat, Michail Gorbatschows „Wer zu spät kommt, den bestraft das Leben“ oder der Leitspruch der Wende schlechthin: „Wir sind das Volk“. Die Losung „Recht muss Recht werden“ nimmt Bezug auf das Gebäude des Landgerichts, dem Sie sich nunmehr zuwenden sollten. Dazu laufen Sie weiter den Hansering entlang und richten Ihren Blick auf die gegenüberliegende Seite.

Sie sehen hier das vielleicht schönste Gerichtsgebäude des damaligen Preußens, das 1905 fertiggestellt wurde. Neben seiner imposanten Größe fällt es dem Betrachter vor allem durch seine reich verzierte Fassade ins Auge. Ganz dem Historismus folgend, wurden hier die unterschiedlichsten Stile verwendet. Der Eingangsbereich erinnert an die Säulenportale romanischer Kirchen, besitzt jedoch auch unverkennbare Renaissanceformen. An den Erkern sind gotisches Maßwerk und gotisierende Fenster erkennbar, die welschen Hauben der Türme wiederum sind typische Renaissance-Elemente. Aber auch eine unter der zweiten Fensterreihe umlaufende Jugendstilornamentik, die verschiedene Allegorien von Tugenden und Lastern zeigt, ziert die Fassade des Gerichtsgebäudes. Das Portal wird bekrönt von zwei Adlern, die ein Buch mit dem Spruch „Recht muss Recht bleiben“ einrahmen.

Sie folgen dem Hansering weiter und kommen nun an einen Platz, der in den vergange-

„Weg der Erinnerung" am Hansering von Christoph Traub.

Das Portal des Landgerichtes am Hansering mit dem Spruch „Recht muss Recht bleiben".

Das anlässlich des 50. Jahrestages der Oktoberrevolution 1967 errichtete Fahnenmonument.

Kaiser-Wilhelm-Denkmal (1901–1947)

In der Gründerzeit war es eine Frage des Prestiges einer Stadt, an exponierter Stelle ein Denkmal für den Gründer des zweiten Deutschen Kaiserreichs, Wilhelm I., aufzustellen. Das dazu eigens in Halle gegründete Organisationskomitee beauftragte den renommierten Berliner Stararchitekten Bruno Schmitz, der schon die Wilhelm-Denkmäler auf dem Kyffhäuser und an der Porta Westfalica entworfen hatte. Im Mittelpunkt des Denkmalkomplexes stand ein 1901 eingeweihtes Reiterstandbild des Kaisers, das von Statuen zu Ehren des preußischen Generalfeldmarschalls Moltke sowie des Reichskanzlers Bismarck eingerahmt wurde. Wilhelms Reiterstandbild besaß die stattliche Höhe von 4,5 Metern. Im Jahr 1922 stieß ein Sprengstoffanschlag Moltke von seinem Sockel. Mit einem feierlichen Festakt stellte man die Statue 1924 jedoch wieder auf. Unklar ist bis heute, ob die Figuren bereits im Zweiten Weltkrieg eingeschmolzen wurden. Das Denkmal wurde Ende der 1940er-Jahre abgerissen.

nen 100 Jahren schon mehrfach umgestaltet wurde. Bis Ende der 1940er-Jahre befand sich hier ein pompöses Kaiser-Wilhelm-Denkmal.

Der Hansering bot sich schon immer als Aufmarschgebiet für Paraden und Demonstrationen an. 1967 wurde der Platz im Sinne der damaligen sozialistischen Machthaber umgestaltet. Wie alle diktatorischen Regime liebten auch sie die Inszenierung. Im Zentrum des neu gestalteten Platzes stand das 20 Meter hohe **Fahnenmonument (4),** die „Flamme der Revolution", von den Hallensern kurz „die Fahne" genannt.

Das bautechnisch durchaus anspruchsvolle Monument besteht aus geschwungenem Stahlbeton und war ursprünglich in selbstverständlich roter Farbe gehalten. In die großräumige Anlage des Platzes wurden zudem eine Rednertribüne mit der Inschrift „Unser Leben erhalten und es schöner gestalten" und Nebenanlagen integriert. Ironie der Geschichte ist es, dass ausgerechnet hier im Herbst 1989 zahlreiche Montagsdemonstrationen endeten und der Ort so zum zentralen Platz für die Protestbewegung der Massen wurde.

2004 erfuhr der Platz erneut eine grundlegende Umgestaltung. Der hallesche Künstler Steffen Rumpf entwarf dazu eine Neugestaltung der „Fahne" in Rot- und Gelbtönen, die die Milchstraße und die kosmische Hintergrundstrahlung abbilden sollen. Das mittlere Band soll unsere eigene Galaxie darstellen. Der rote Hintergrund symbolisiert das Universum. Heute befindet sich zudem neben der „Fahne" ein Parkhaus, das durch seine interessante Spiralstruktur und damit einhergehende bequeme Parkplatzsuche besticht.

Setzen Sie nun Ihren Spaziergang entlang des Hanserings fort, so gelangen Sie zum ehemaligen halleschen **Hauptpostamt (5).** Noch bevor man zur Frontseite kommt, öffnet sich nach rechts ein Hof. Aufmerksamen Krimifans wird der Hof durch den halleschen „Polizeiruf 110" mit den beliebten Kommissaren Schmücke und Schneider bekannt sein, gespielt von Jaecki Schwarz und Wolfgang Winkler.

Am Ende des Hanserings sehen Sie rechts eines der prachtvollsten gründerzeitlichen Gebäude in Halle, das 1892–1896 im neoromanischen Stil als Kaiserliche Oberpostdirektion mit seinem hohen Antennenturm entstand.

1875 wurde die einheitliche Deutsche Reichspost gegründet. Mit der Zunahme des Telegrafie- und Telefonverkehrs im Reich wurde es notwendig, ein größeres Postgebäude zu errichten, da das vormalige klassizistische Generalpostamt nicht mehr ausreichte. Ursprünglich war der Turm des Gebäudes mit einem 13 Meter hohen, pyramidenförmigen Stahlgerüst bekrönt, von dem aus die Fernsprechleitungen in alle Himmelsrichtungen gezogen wurden. Das Postgebäude ist neben dem Landgericht und dem Opernhaus einer der drei Monumentalbauten, die zur Zeit des Deutschen Kaiserreiches entlang der ehemaligen Stadtbefestigung errichtet wurden. Gegenüber vom Hauptpostamt befindet sich links an der Ecke zur Großen Steinstraße das ehemalige renommierte Hotel „Stadt Hamburg", das einst illustre Gäste der Stadt beherbergte.

Auf dem 2019 grundlegend sanierten Platz vor dem Postgebäude befand sich bis zu Beginn des 19. Jahrhundert das zweite hallesche Stadttor, das sogenannte Steintor. Die heutige Straßenbezeichnung Große Steinstraße weist noch immer darauf hin. Das Steintor bestand aus drei hintereinander gelegenen, schon seit 1182 urkundlich belegten Toren. Das Innere der drei Tore besaß zudem einen Turm, der im 18. Jahrhundert mit einer barocken Haube versehen war.

Bereits im 19. Jahrhundert gab es prominente „Denkmalschützer": So verbot Kronprinz Friedrich Wilhelm IV. seinerzeit den Abriss des historischen Steintores und erhielt dabei Unterstützung von Karl Friedrich Schinkel. Dennoch fiel dieses Tor 1831 dem Abriss zum Opfer.

Nach dem Überqueren der Großen Steinstraße betreten Sie die kleine Parkanlage des heutigen Joliot-Curie-Platzes in Richtung **Opernhaus (6),** des imposanten Gebäudes,

Ringelnatz in Halle – Hotel „Stadt Hamburg"

Joachim Ringelnatz (1883–1934), bekannt für seine humoristischen Gedichte und die Kunstfigur Kuttel Daddeldu, finanzierte in den 1920er-Jahren seinen Lebensunterhalt durch Auftritte im gesamten deutschsprachigen Raum. Wenn er in Halle verweilte, stieg er oft im Hotel „Stadt Hamburg" ab, das sich an der Ecke Große Steinstraße/Hansering befand. Zum Gedenken an den Schriftsteller und Maler wurde 2004 eine Tafel mit seinem Halle-Gedicht „Brief auf Hotelpapier" enthüllt. Denn: „Wenn du nach Halle gehst, / Dann geh nach Hamburg, / Wenn du von gutem Leben was verstehst. / Wenn du nach Halle reist, / Magst du zuvor mich fragen. / Ich kann dir manches sagen, / Was du vielleicht nicht weißt. (…)"

Historische Ansicht der Parkanlage mit der Siegessäule vorm Opernhaus, ca. 1885 (G. Riehm).

Blick zum halleschen Hauptpostamt, erbaut 1892–1896.

das am oberen Ende des leicht ansteigenden Berges erkennbar ist. In den Sommermonaten lädt der Park mit liebevoll gestalteten Blumenrabatten und seinem eindrucksvollen Brunnen zum Verweilen ein. Anstatt des Brunnens stand hier bis zum Jahr 1946 eine Siegessäule, die an die im preußisch-österreichischen Krieg 1866 gefallenen Hallenser erinnerte.

Das Opernhaus wurde 1886 auf der damals als Petersberg bezeichneten Erhebung als Stadttheater eröffnet und durfte sich damit rühmen, neben dem Budapester Opernhaus das modernste Theater seiner Zeit zu sein. Legendär waren zudem die riesigen Kronleuchter, die damals unter einer großen Kuppel hingen. Im März 1945 erlitt das Gebäude schwere Zerstörungen durch mehrere Sprengbomben, wurde jedoch rasch wieder instand gesetzt. Im Jahre 1951 fand die Einweihung des Theaters statt. Die Renovierung führte auch zu Veränderungen an der Fassade. Aus den Rundbögen waren eckige Fenster geworden, der Stuck an der Fassade

Abendblick vom Juliot-Curie-Platz zum Opernhaus.

verschwand ebenso wie die Kuppel. Erst 2011 wurde das ursprüngliche Erscheinungsbild der Fassade wiederhergestellt.

Gehen Sie links am Opernhaus vorbei in die Straße Universitätsring, die frühere Alte Promenade. Auf der linken Seite befindet sich der Universitätscampus mit seinen historischen und zeitgenössischen Gebäuden (Rundgang 3). Ursprünglich befand sich hier das 1564 geschlossene Kloster des Barfüßerordens. Auf der linken Straßenseite sehen Sie hoch aufragende Wohn- und Geschäftshäuser der Gründerzeit, die anstelle der abgerissenen Stadtbefestigungsanlagen errichtet wurden.

Auf der rechten Seite des Universitätsrings folgt ein besonderes Kleinod, eine bereits im Jahr 1455 geschaffene **Betsäule (7)**, die zum Dank für die überstandenen Pestepidemien 1449 und 1452 errichtet wurde. Das Kunstwerk gilt inzwischen als eine der ältesten Freiskulpturen Deutschlands und ist 2012 restauriert worden. Die Inschrift an der Vorderseite lautet: „a[nno] d[omini] mcccclv ad honorem Jh[es]u Ch[ist]i sculpt[u]s – Im Jahre des Herrn 1455 zur Ehre Jesu Christi errichtet“. Zu sehen ist auf der einen Seite das Relief mit der Kreuzigung Christi und auf der anderen Seite die Kreuztragung. Ursprünglich stand das Kunstwerk vor dem Galgtor, außerhalb der damaligen Stadt, nahe der Richtstätte am heutigen Riebeckplatz. Diese Position wählte man, damit die Wanderer und Handelsleute an ihr kurz innehalten und Gebete sprechen konnten.

Unmittelbar hinter der Betsäule befindet sich auf dem Universitätsring Nummer 13 das Wohnhaus des in der ganzen Welt als „Seeteufel“ bekannten Kriegshelden des Ersten Weltkrieges, Felix Graf von Luckner (1881–1966). Unter seiner Mitwirkung blieb Halle bei der Einnahme durch die Amerikaner am Ende des Zweiten Weltkrieges verschont. Ein Teil des Nachlasses des Grafen befand sich bis in die 1970er-Jahre in diesem Haus. Nach dem Tod der Haushälterin veranlassten Übereifrige jedoch dessen Vernichtung. Es

Die Betsäule aus dem Jahr 1455.

Das Physikalische Institut am Friedemann-Bach-Platz.

konnten nur wenige Einzelstücke gerettet werden.

Auf der linken Seite des Universitätsringes befinden sich heute zahlreiche Cafés, Bars und Restaurants, die zum Verweilen einladen. Fast am Ende des Universitätsrings, etwas versteckt im Grünen gelegen, sollte das Denkmal zu Ehren des halleschen Liederkomponisten Robert Franz (1815–1892) nicht übersehen werden. Kurz darauf stoßen Sie auf eine Kreuzung, in die links die Große Ulrichstraße mündet. Hier befand sich einst das dritte Tor der halleschen Stadtbefestigung. Wie es der Straßenname bereits vermuten lässt, handelte es sich hierbei um das Ulrichstor. Die nach Norden führende Ausfallstraße war ein wichtiger Handelsweg in Richtung Bernburg.

Sie setzen Ihren Weg entlang der ehemaligen Stadtbefestigung fort und folgen nun dem Moritzburgring. Auf der linken Seite öffnet sich der Friedemann-Bach-Platz.

An dieser Stelle lohnt es sich, wieder etwas tiefer in die hallesche Stadtgeschichte einzutauchen. Auf der linken Seite steht das 1890 errichtete Physikalische Institut der Universität. Der beeindruckende Turm wurde übrigens für Pendel- und Fallversuche errichtet. Überlieferungen zufolge soll Hermann von Helmholtz (1821–1894) vor dem Bau ein Gutachten erstellt haben, in dem er empfahl, beim Bau des Nordflügels auf sämtliche Bauteile aus Metall zu verzichten, damit die elektromagnetischen Versuche nicht gestört würden. Die Straßenbahnen sollten bei ihrer Vorbeifahrt in die Große Ulrichstraße sogar die Stromabnehmer senken. Das Gebäude beherbergt künftig die Sammlungen der Universität.

Wenden Sie sich nun der geschichtsträchtigen **Moritzburg (8)** zu, die sich direkt gegenüber dem Physikalischen Institut befindet. Die Anlage entstand zu einer Zeit, in der Burgen eigentlich längst aus der Mode gekommen waren. Dass hier Ende des 15. Jahrhunderts doch eine Zwingburg errichtet wurde, hat mit der Vorgeschichte rund um den sogenannten Pfännerschaftsstreit zu tun. Im Rat der Stadt waren im 15. Jahrhundert neben den Pfännern mehr und mehr Vertreter der Handwerkerinnungen und Kaufleute vertreten. Das grundlegende Problem war der zunehmende Streit zwischen dem Rat der Stadt und der Pfännerschaft. Kurz gesagt: Der Rat der Stadt hatte die Entscheidungsgewalt über die Stadt, die Pfänner dagegen das Geld. 1478 eskalierte der Streit in offenen Auseinandersetzungen zwischen den Parteien. Die weitgehend selbstständige Stadt Halle gehörte damals formal zum Besitz des Magdeburger Erzbischofs Ernst von Wettin. Der sah nun seine Zeit gekommen. Er nutzte geschickt die innerstädtischen Streitigkeiten aus und übernahm die Kontrolle über die Stadt. Mit der Unabhängigkeit der Stadt war es nun vorbei. Ernst hatte wohl vor allem den Reichtum der Stadt im Sinn, konnte er doch nun sein Anrecht auf Steuern und Zölle besser durchsetzen.

Um seine Macht über die Stadt zu zementieren, beschloss Ernst von Wettin, innerhalb der Stadtbefestigung eine Zwingburg zu errichten. Die Moritzburg sollte ein Zeichen setzen. Sie war Symbol der Unterdrückung der Freiheitsgelüste der Stadt. Die Grundsteinlegung erfolgte am 25. Mai 1484.

Ernst von Wettin ließ die Moritzburg im spätgotischen Stil als massive Bastion errichten. Sie war zu dieser Zeit weithin sichtbar. Dies lag nicht zuletzt an den vier mit Spitzhelmen bekrönten Ecktürmen. Zur Stadtseite waren diese als wuchtige Kanonenbastionen

Der rachsüchtige Schuhmacher

Im Jahr 1478 eskalierte der jahrelange Streit zwischen den wohlhabenden Pfännern auf der einen und den Handwerkerinnungen auf der anderen Seite. Führer der Handwerker war der Obermeister der Schuhmacherinnung Jacob Weissack. Dieser hasste die Pfänner zutiefst und warf ihnen vor, sie würden der Stadt ihre Pfründe vorenthalten. Also ersann er eine List, die einen gravierenden Einschnitt in der weiteren Stadtgeschichte bedeuten sollte. Er bat den auf der Burg Giebichenstein residierenden Erzbischof Ernst von Wettin um Unterstützung durch seine Truppen. Darauf hatte dieser nur gewartet, wollte der Erzbischof doch – besser gesagt dessen Berater, Ernst war erst 14 Jahre alt – die Privilegien der Stadt schon seit Langem beschneiden. Es war Sonntag, der 19. September 1478, gegen 10 Uhr vormittags. Die meisten Bürger kamen wie üblich gerade aus der Kirche, als plötzlich die Sturmglocken erklangen und die Bürger zu den Waffen gerufen wurden. Aber es war zu spät. Weissack hatte mit seinen Anhängern das Ulrichstor geöffnet, sodass die Truppen des Erzbischofs ungehindert eindringen konnten.

Historische Ansicht der Moritzburg um 1650.

ausgebildet und im Ostflügel mit einem Wehrgang verbunden. Das Turmpaar zur Saale war dagegen schlanker und hoch aufragend.

Ursprünglich besaß die Burg zwei Zugänge: ein Hauptportal an der Nordseite, das später geschlossen wurde; und ein Nebenportal als Stadtzugang im Ostflügel, über den der Innenhof heute betreten werden kann. Die Moritzburg war 1503 nach 19-jähriger Bauzeit im Wesentlichen vollendet. Erzbischof Ernst von Wettin wohnte nur zehn Jahre lang in seiner Burg, dann verstarb er 49-jährig. Seine Nachfolge trat Albrecht von Brandenburg an, weithin bekannt als Kardinal Albrecht, über den Sie im Rundgang 2 mehr erfahren. Er prägte die Stadtentwicklung in der einsetzenden Neuzeit wie kein anderer. Unter seiner Regentschaft erhielt die Moritzburg eine prunkvolle Ausstattung mit wertvollen Teppichen, Wandmalereien und Gemälden der großen Künstler der Zeit, darunter Lucas Cranach, Matthias Grünewald und Albrecht Dürer.

Nachdem der Kardinal Halle im Jahr 1541 Hals über Kopf verlassen musste, blieb die Moritzburg für einige Jahre Residenz der erzbischöflichen Administratoren. Verheerende Auswirkungen hatte der 30-jährige Krieg, natürlich nicht nur für die Moritzburg, sondern für die gesamte Stadt Halle. In den Kriegswirren wurden 1637 weite Teile der Burganlage durch eine verheerende Feuersbrunst vernichtet. 1639 schließlich sprengten sächsische Truppen die südwestliche Bastion, um die schwedischen Besatzer zum Aufgeben zu bewegen.

Der Niedergang der stark ramponierten Burg setzte sich rapide fort. Im 18. Jahrhundert wurde sie als Kaserne und später als Lazarett genutzt. Das schlichte barocke Gebäude im Ostflügel (rechts neben dem Torturm, durch den die Burg heute betreten wird) stammt aus der Zeit Friedrichs II. von Preußen. Die Gewölbe nutzte man als Bierkeller und die Maria-Magdalenen-Kapelle als Lagerhalle. Um 1900 war die Burg quasi verloren, der Verfall nahm immer bedrohlichere Züge an. Wie es zur überaus glücklichen Wende für die Moritzburg kam, erfahren Sie im Rundgang 2. Dort betrachten Sie auch die Burg vom Burghof aus.

Gehen Sie nun weiter entlang des Moritzburgringes hinab zum sogenannten Mühlgraben und überqueren Sie die Brücke. Dem imposanten Hauptsitz der Leopoldina zur rechten Seite widmet sich der Rundgang 5. Hinter der Brücke biegen Sie nach links in den Robert-Franz-Ring ab. Hier werfen Sie noch einmal den Blick auf die Moritzburg und gelangen dann schließlich nach rund 200 Metern zur **Mühlpforte mit der Neumühle (9).** Gehen Sie dazu nach links über die Brücke. Die im 16. Jahrhundert erbaute Neumühle gehörte eigentlich dem Kloster Neuwerk, das sich im Umfeld der Laurentiuskirche befand. Die Mühle wird durch die Wasserkraft der Mühlgrabensaale angetrieben. Von Interesse an dem leider dem Verfall preisgegebenen Gebäude sind die Hochwasserstände, die sowohl an der Außenwand, aber auch in den innen befindlichen Säulen aufgetragen sind.

Sie kehren zurück zum Robert-Franz-Ring und sehen auf der linken Seite die Rückfronten des Doms und der Neuen Residenz. Heute kaum noch vorstellbar, aber diese Gebäude gehörten im 16. Jahrhundert zu einem der schönsten Renaissance-Ensembles nördlich der Alpen.

Sie gelangen nun am Ende des Robert-Franz-Ringes zur restaurierten **Klausbrücke (10).** Die Saale bildete von jeher die westliche Begrenzung der Stadt und bot Schutz vor feindlichen Angriffen. Von strategischer Bedeutung war entsprechend der Übergang über die Saale. Anstelle der heutigen Klausbrücke über-

Blick auf den umgestalteten Westflügel der Moritzburg.

Die Anzeige von Hochwasserständen an der Neumühle.

Der Saalaffe

Der alte Handelsweg von Halle nach Eisleben führte über die bereits 1172 errichtete Hohe Brücke, die den Hauptarm der Saale überspannte. Sie wurde 1503 erneuert und schließlich 1843 durch die Elisabethbrücke ersetzt. An einem der Brückenpfeiler befand sich das Relief des Saalaffen, das heute dem Kunstmuseum der Moritzburg gehört. Der Saalaffe ist ein Larvengesicht, das mit Zeige- und Mittelfinger den Mund breit zieht und lustige Grimassen schneidet. Es soll sich zugetragen haben, dass die Brücke nicht recht halten wollte und der Saalenix sie immer wieder zu Fall brachte, weil der Bau seine Ruhe störte. Ein Priester meinte, man müsse eine Reliquie in die Brücke einmauern. Der Saalenix war daraufhin besänftigt und zerstörte fortan nicht mehr die Brücke. Aber damit nicht genug: Man fand ihn versteinert am Ufer liegend und so entschloss man sich – zur Abschreckung weiterer Saalenixen –, das Gesicht des Wassergeistes am Brückenpfeiler einzumauern.

spannte schon im Mittelalter eine hölzerne Brücke die Saale. Die Ursprünge der heutigen Brücke reichen bis in das Jahr 1576 zurück. Zu diesem Zeitpunkt entstand die erste Steinbrücke, die in den vergangenen Jahren immer wieder erneuert und saniert wurde.

Die Klausbrücke über die Saale führte zum Klaustor, dem vierten Stadttor der ehemaligen historischen Altstadt. Der Weg hinaus führte in Richtung Westen, in das Mansfelder Land.

1721 gründete König Friedrich Wilhelm I. außerhalb der Stadt vor dem Klaustor eine neue Saline (Teile des heutigen Saline-Museums), die den halleschen Pfännern am Hallmarkt gehörig Konkurrenz verschaffte. Schon bald entwickelte sich zwischen dem Klaustor und der Saline die barocke Klaustorvorstadt mit ihren zahlreichen Ausspannhöfen, die auch heute noch ansatzweise zu erkennen sind. Sie überqueren die Klausbrücke und biegen nach rechts in den Hallorenring ein. Vorbei am Friedemann-Bach-Haus (Rundgang 2), gelangen Sie zum Hallmarkt mit exklusivem Blick hinauf zur Marktkirche. Das Gebiet um den heutigen Hallmarkt war einst das Zentrum der halleschen Salzproduktion. Unverkennbar erlangte der Hallmarkt seine heutige Gestalt in der Gründerzeit. Von der

Der Mühlgraben am Robert-Franz-Ring mit der Rückseite der Neuen Residenz und den Brücken- und Erkerstreben.

Traditionelles Fischerstechen vor der Westseite des Neuen Residenz im Jahre 1735, Seeresches Stammbuch.

ursprünglichen mittelalterlichen Bebauung sind nur noch ganz wenige Reste erhalten, wie der Gutjahr-Brunnen, der schon seit Jahren auf seine touristische Entdeckung hofft.

Jahrzehntelang klaffte an der westlichen Seite des Hallmarkes eine riesige Baugrube. Ende der 1980er-Jahre musste hier die Altbausubstanz dem geplanten „Kulturpalast" weichen. Infolge komplizierter Baugrundverhältnisse und der politischen Wende im Jahr 1989 kam es dazu nicht mehr. Erst 2016 wurde mit dem Bau des Finanzamtes und eines Hotels diese städtebauliche Wunde im Herzen der Stadt geschlossen.

Dem Hallorenring weiter folgend, sehen Sie nun auf der linken Seite nahe der Moritzkirche zum ersten Mal Reste der alten Stadtmauer. Im Bereich der heute viel befahrenen Straße floss damals die Gerbersaale. Sie wurde im Zuge der gründerzeitlichen Umgestaltung zunächst unterirdisch kanalisiert und später dann abgeschnitten und in den Mühlgraben umgeleitet.

Die folgende Abbildung zeigt das damalige Bild im Bereich des heutigen Hallorenrings. Im Hintergrund ist die Moritzkirche zu erkennen, das einzige Bauwerk auf dem Gemälde, das heute noch vorhanden ist. Im Vordergrund steht ein Wehrturm, der in die Stadtmauer integriert war. Das Gemälde – heute im Besitz des Kunstmuseums Moritzburg – zeigt auf dem Turm ein grotesk überragendes Wohnhaus im Fachwerkstil, das als „Kaffeemühle" bekannt war.

Gehen Sie nun weiter entlang an der Rückseite der Moritzkirche (siehe Rundgang 2), wo Sie eine Auffälligkeit in der historischen Stadtmauer in Form einer Kopfplastik mit der Inschrift: „MIR DIE RUHE, DIR DIE EILE, LASS UNS TAUSCHEN EINE WEILE" ent-

Historisches Gemälde der ehemaligen Stadtmauer im Bereich des heutigen Hallorenrings, Ölgemälde von Hermann Schenk, um 1850.

Stadtmauerreste an der Rückseite der Moritzkirche.

decken werden. Betrachten Sie diese Plastik genauer, berühren Sie sie ruhig einmal. Sie werden überrascht sein. Am Ende der Stadtmauerreste biegen Sie nach links ab. Hier befand sich das Moritztor und damit das fünfte Stadttor, das vorrangig die hier ansässigen Pfänner nutzten. Von der mittelalterlichen Altstadt ist hier nichts mehr zu sehen. Zwischen 1984 und 1985 wurde im Rahmen der Stadterneuerung das Neubaugebiet „Brunos Warte“ errichtet.

Auf der rechten Seite befindet sich unübersehbar die zwischen 1968 und 1971 gebaute Hochstraße, die Halle-Neustadt anbindet. Folgen Sie nun weiter, direkt an den kürzlich sanierten Neubauten entlang, dem breiten Fußweg des Moritzzwingers. Dabei überqueren Sie die Zenkerstraße und erreichen dann nach circa 100 Metern den Franckeplatz, in den links die Rannische Straße einmündet. Hier befand sich das sechste und in diesem Rundgang letzte Tor der Stadt Halle. Von hier aus führten Wege nach Merseburg, Weißenfels und Erfurt. Auch der Franckeplatz wird architektonisch von der Hochstraße dominiert. Das traditionsreiche „Café Hopfgarten“ befindet sich an der Ecke zur Rannischen

Brunos Warte

Die Herren von Brun erhielten eine „Warte“, als nach 1100 die zweite Stadtbefestigung entstand. Beim Chronisten Gottfried Olearius (1604–1685) ist die Straße als Braunens Warte, bei Johann Christoph von Dreyhaupt (1699–1768) als Braunswarte bezeichnet.

Alte Synagoge am Großen Berlin/Kleine Brauhausgasse (G. Riehm).

Jüdisches Mahnmal am Jerusalemer Platz.

Straße und lädt zu einem kurzen Besuch ein. Schräg gegenüber liegt der Komplex der Franckeschen Stiftungen (Rundgang 3). Am Franckeplatz begeben Sie sich zunächst nach links in Richtung der Rannischen Straße.

Nach wenigen Metern biegen Sie rechts in die Große Brauhausstraße. Nach rund 150 Metern kommen Sie zum Denkmal der **Jüdischen Synagoge (11).**

Das Gebiet um die Straße Großer Berlin ist seit etwa 1120 innerhalb der Stadtmauer gelegen. Hier am Jerusalemer Platz befindet sich das Mahnmal für die zerstörte Synagoge der Stadt Halle. Juden werden in Halle im Jahr 1184 zum ersten Mal erwähnt. Ende des 15. Jahrhunderts wurden sie aus der Stadt vertrieben. Nachdem Halle ab Ende des 17. Jahrhunderts zum Kurfürstentum Brandenburg gehörte, siedelten sich erneut Juden in Halle an, da die brandenburgischen Herrscher bekannt für ihre religiöse Toleranz waren. Die ursprünglich 1829 am Großen Berlin errichtete Synagoge wurde 1870 durch einen Neubau ersetzt. Die Synagoge bestand aus einer dreischiffigen Emporenhalle mit orientalisierender Formensprache und vier Türmen mit orientalischen Zwiebelkuppeln.

In der Reichspogromnacht am 9./10. November 1938 wurde die Synagoge niedergebrannt. Auch aus Halle vertrieben die Nationalsozialisten nahezu die gesamte jüdische Bevölkerung oder brachten sie in Konzentrationslagern um. Vom westlichen

Reste der ehemaligen Stadtbefestigung am Waisenhausring.

Eingang der Synagoge waren bis in die 1980er-Jahre hinein noch Reste erhalten, die als Gedenkstätte hergerichtet waren. Im Zuge der sozialistischen Stadterneuerung wurde der Standort der ehemaligen jüdischen Synagoge dann vollkommen überbaut und die Reste des Gotteshauses verschwanden gemeinsam mit der Gedenkstätte. Als Ersatz wurde das heute vorhandene Mahnmal unter Verwendung alter Blendziegel errichtet. Die hallesche jüdische Gemeinde baute 1948 die ehemalige Feierhalle des jüdischen Friedhofs in der Humboldtstraße 52 als Synagoge um. Diese können Sie im Rundgang 6 besuchen.

Sie gehen weiter die Große Brauhausstraße bis zur Kreuzung mit der Kleinen Brauhausstraße. Hier biegen Sie ein kurzes Stück nach rechts ab und treffen wieder auf den Altstadtring, der hier durch die Straße **Waisenhausring (12)** markiert wird. Hier biegen Sie nach links ab. In wenigen Schritten gelangen Sie zu einem Abschnitt, an dem noch ein etwa 80 Meter langer und sieben Meter hoher Teil der Stadtmauer sowie ein mächtiger Schalenturm erhalten sind. In die Mauer integriert ist ein Fachwerkhaus aus dem 18. Jahrhundert. Dieses Haus wurde errichtet, nachdem die Stadtbefestigung weitgehend funktionslos geworden war.

Sie folgen weiter dem Waisenhausring und gelangen schließlich zum Ausgangspunkt des Rundgangs, dem Leipziger Turm, zurück.

2. RUNDGANG

KIRCHEN, KÜNSTLER, KOMPONISTEN

Geschichte auf engstem Raum

Auf diesen Rundgang folgt ein Highlight dem anderen: „Eine Kirche, in der Luther dreimal predigte, Georg Friedrich Händel getauft wurde und deren große Orgel Johann Sebastian Bach einweihte finden Sie auf der ganzen Welt kein zweites Mal.“ Dabei durchqueren Sie die Innenstadt und begegnen in weiteren Kirchen, Straßen und auf Plätzen halleschen Künstlern, die ihren „Fußabdruck“ in der Geschichte Halles hinterlassen haben. Einmalig, kurios bis heldenhaft.

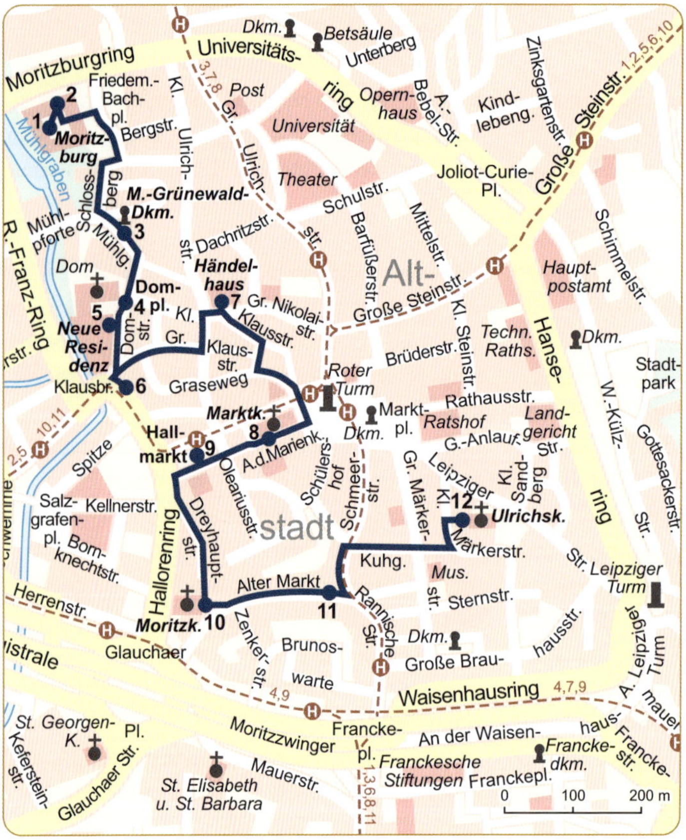

1,5 bis 2 Stunden

Hof der Moritzburg

Hof der Moritzburg (1)
Maria-Magdalenen-Kapelle (2)
Matthias-Grünewald-Denkmal (3)
Domplatz (4)
Neue Residenz (5)
Friedemann-Bach-Haus (6)
Händel-Haus (7)
Marktkirche Unserer Lieben Frauen (8)
Hallmarkt (9)
Moritzkirche (10)
Alter Markt (11)
Ulrichskirche (12)

Blick zum Ostflügel der Moritzburg mit Torturm und Burgtor als Hauptzugang.

Der Mensch des Mittelalters musste sich in seiner damaligen Welt wirklich verloren gefühlt haben. Beinah schutzlos sah er sich den Mächten des Bösen ausgesetzt. Überschwemmungen und Seuchen, Kriege und Plünderungen kamen häufig ohne jedwede Ankündigung und brachten Not und Elend über ganze Landstriche. Das Wissen über die Ursachen und wirksamer Schutz waren gering. Allein die Religion bot seit Menschengedenken Trost und Halt. Steingewordene Religion sind die Kirchen, die mit ihrer überwältigenden Größe und ihrer prachtvollen Ausstattung Irdisches und Himmlisches verbanden und dem Menschen im Jetzt die Möglichkeiten des Danach offenbarten. Als eine Stadt, die im Mittelalter ihre erste Blüte erlebte, wird auch Halles Stadtbild durch seine Kirchenbauwerke geprägt.

In diesem Rundgang folgen Sie den Spuren der kulturellen Entwicklung auf den Gebieten der Kunst und der Musik. Über Jahrhunderte hinweg war künstlerische Tätigkeit vorrangig an kirchliche Auftraggeber gebunden. Die Kirchen selbst stellen daher wahre Kunstwerke dar. In diesem Rundgang sollen aber auch deren Schöpfer und Geschichte in den Fokus gerückt werden. Doch Halle wäre nicht die Stadt der Vielfalt, hätte sie nicht auch aus modernen Zeiten Werke künstlerischen Schaffens zu bieten. Auch diese betrachten Sie auf Ihrem Rundgang.

Die Tour beginnt am Kunstmuseum im **Hof der Moritzburg (1),** die bequem mit der Straßenbahn zu erreichen ist (Linien 3, 7 und 8, Haltestelle Moritzburgring).

Sie überqueren die Brücke und betreten den Innenhof durch einen Torturm. Unschwer zu erkennen ist, dass die Moritzburg heute keine klassische spätgotische Burganlage mehr darstellt, sondern ein architektonisches Konglomerat bildet, bei dem die unterschiedlichsten Baustile von der Gotik bis zur Moderne des 21. Jahrhunderts aufeinandertreffen.

Replik des Talamts im heutigen Hof der Moritzburg.

Diese Melange jedoch macht den Ort geschichtlich so interessant. Im Rundgang 1 können Sie ein wenig mehr über die wechselvolle Baugeschichte der Burg erfahren, die einst prunkvolle Residenz Kardinal Albrechts war, im Dreißigjährigen Krieg dann jedoch fast völlig zerstört wurde. Kaum zu glauben, aber um 1900 schien die Burg bereits verloren, der Verfall nahm immer bedrohlichere Züge an. Zum Glück besann sich die Stadt zunehmend auf die Erhaltung des kulturellen Erbes und begann, die Burgruine als Museum auszubauen. Heute beherbergt die Moritzburg ein Kunstmuseum ersten Ranges und zählt zweifelsohne zu den Höhepunkten einer Stadtbesichtigung.

Doch nun zur spannenden Museumsgeschichte. Diese beginnt eigentlich ganz woanders und zwar auf dem halleschen Hallmarkt. Nachdem 1869 das Salzsieden am Hallmarkt vollständig eingestellt wurde, riss man Ende des 19. Jahrhunderts hier die mittelalterliche Bebauung ab und damit auch das geschichtlich bedeutende Talamt, Amtshaus der Pfänner und Halloren. Die wertvolle Innenausstattung wurde in der Hoffnung aufbewahrt, diese irgendwann einmal in einem Museum zeigen zu können. Durch Spenden gelang es Jahre später, im Südflügel der Moritzburg (vom Eingang aus links) eine Replik des Talamtes zu errichten und darin zunächst ein kleines Kunstgewerbemuseum zu eröffnen. Im Talamt werden bis heute die originalen historischen Repräsentationsräume, das Festzimmer und das Gerichtszimmer gezeigt.

Unter dem ersten Museumsdirektor Max Sauerland betrieb man in den folgenden Jahren die Erweiterung des Museumskomplexes. Zunächst wurden der Wehrgang und der Torturm im Ostflügel im historistischen Stil rekonstruiert und ebenfalls als Museumsräume ausgebaut. Das eigentliche Verdienst von Max Sauerland und seinem Nachfolger Alois Schardt bestand jedoch im Aufbau einer modernen Kunstsammlung, die die Moritzburg bereits in den 1920er-Jahren in die erste Liga der deutschen Museumswelt rückte. Bald wandte sich Sauerland der damals noch jungen expressionistischen Kunst zu. Mit dem Ankauf des 1909 von Emil Nolde geschaffenen Gemäldes „Abendmahl" löste er seinerzeit kontroverse Diskussionen aus. Unbeirrt setzte er jedoch die Sammlungstätigkeit fort. Von 1929 bis 1931 schuf Lyonel Feininger (1871–1956) – im Auftrag der Stadt Halle – im Torturm der Moritzburg die Reihe seiner heute weltberühmten Halle-Bilder. Die Nationalsozialisten stoppten die Museumsentwicklung jäh, die expressionistischen Kunstwerke galten als „entartet". In dieser Zeit wurde die Sammlung fast vollständig zerstört.

In der Nachkriegszeit versuchte das Museum, an seine Blütezeit vor 1933 anzuknüpfen und holte zahlreiche Werke der klassischen Moderne ins Haus zurück. Der Moritzburgkomplex sollte jedoch nach dem Willen der damaligen Bezirksregierung nicht als reines Museum, sondern als „Kulturzentrum" ausgebaut werden. So wurden sukzessive ein Weinkeller, ein Fernsehtheater, der Studentenklub „Turm" und sogar eine Sporthalle im Nordflügel eingerichtet.

Nach der Wende verließen die meisten Mieter nach und nach die Räume der Burg, sodass sich dem Museum plötzlich völlig neue Dimensionen für seine Entfaltung boten. Die engen historischen Räume waren jedoch nicht mehr zeitgemäß, um zeitgenössische Kunst angemessen zu präsentieren. 2005/08 wurde der Westflügel, der seit dem Dreißigjährigen Krieg als Ruine ein trauriges Dasein fristete, gemeinsam mit dem Nordflügel nach den Entwürfen des spanischen Architektenduos Fuensanta Nieto und Enrique Sobejano zu einem postmodernen Erweiterungsbau ausgebaut. Kernstück des Entwurfes ist eine

Die Halle-Bilder von Lyonel Feininger

Auf Initiative des Museumsdirektors Alois Schardt und des damaligen Oberbürgermeisters Richard Robert Rive erhielt der Deutsch-Amerikaner Lyonel Feininger den Auftrag, eine Ansicht von Halle zu malen. Den zu dieser Zeit am Dessauer Bauhaus tätigen Maler lockte wohl ein für ihn eingerichtetes Atelier im Torturm der Moritzburg, das ihn begeisterte: „The tower is just beautiful and I can paint so well, with the light from the north and east, when the sun is closed off from the west. Halle is the most delightful town!" In diesem Atelier schuf er nach Skizzen und Fotografien nicht nur ein Gemälde, sondern gleich eine Serie von elf expressionistischen Stadtansichten Halles. In der Zeit des Nationalsozialismus wurde sein Werk für „entartet" erklärt und ging 1937 der Moritzburg verloren. Im selben Jahr emigrierte Lyonel Feininger nach New York. Nach 1948 gelang der Rückerwerb des Gemäldes „Der Dom zu Halle" und 1957 des Werkes „Marienkirche mit dem Pfeil", die heute beide in der Moritzburg zu besichtigen sind. Außerdem konnte die Stiftung Moritzburg 2009 das verschollen geglaubte Gemälde „Roter Turm I" zurückerwerben. Die drei Feininger-Werke werden heute auf der Feininger-Empore – mit fantastischem Panoramablick auf Dom und Marktkirche – gezeigt. In der halleschen Altstadt installierte man gegenüber den von Feininger gewählten Motiven Stelen mit der Darstellung seiner Werke, die diese somit erlebbar machen. Im Zuge des Bauhaus-Jubiläums 2019 entstand eine neue Stadtführungs-App zu Feiningers Halle-Bildern und seinen Stationen in Halle.

https://app.feininger-halle.de/de/audio/start

Blick vom Innenhof der Moritzburg auf den Nordflügel zum neuen Museumseingang.

Moderne Glasarchitektur im Kontrast zum historischen Gemäuer im Innenhof der Moritzburg.

Blick auf Moritzburg vor dem Ausbau zum städtischen Museum (G. Riehm).

Stiftung Moritzburg Halle (Saale) – Kunstmuseum des Landes Sachsen-Anhalt

Friedemann-Bach-Platz 5
Tel.: 0345 21259-0
www.kunstmuseum-moritzburg.de
Öffnungszeiten: täglich/feiertags, 10–18 Uhr, mittwochs geschlossen,
MoritzKunstCafé: täglich, 10–18 Uhr

unregelmäßig gefaltete, futuristische Aluminium-Dachkonstruktion – zweifelsohne ein Architekturhighlight des 21. Jahrhunderts –, die scheinbar über einem Teil der Ruine schwebt. Allein die neu entworfene Innengestaltung, mit von der Dachkonstruktion abgehängten großen Boxen, die scheinbar schwerelos in den zweigeschossigen Großräumen schweben, ist einen Besuch des Museums wert. Mit der Neugestaltung wurde Halle um eine spektakuläre Attraktion reicher.

Dem aufmerksamen Leser wird aufgefallen sein, dass ein Teil der Moritzburg bislang noch gar nicht beachtet wurde – die im Nordflügel gelegene **Maria-Magdalenen-Kapelle (2),** der erste Sakralbau dieses Rundgangs. An der Nordwand befindet sich die Gedenktafel mit dem Wappen des Erzbischofs Albrecht, die an die Weihe 1514 erinnert. Ernst von Wettin, der die Kapelle in Auftrag gab, starb ein Jahr vor deren Vollendung, sein Herz wurde jedoch in der Kapelle beerdigt. Sein Nachfolger, Albrecht von Brandenburg, ließ die Kapelle prunkvoll ausstatten.

Nach dem Dreißigjährigen Krieg, in dem auch die Kapelle stark in Mitleidenschaft gezogen wurde, diente sie den Hugenotten als Gotteshaus. Ab 1806 nutzte man sie nur noch als Heu- und Strohlager, sie war zu diesem Zeitpunkt stark einsturzgefährdet. Wie so oft entsprang es eher einem Zufall,

Albert Ebert – vom Heizer zum gefeierten Maler

Nicht versäumen sollten Sie auch einen Besuch des Albert-Ebert-Kabinetts im Kunstmuseum der Moritzburg. Dieser schon architektonisch reizvolle, runde Raum ist dem Werk des halleschen Malers Albert Ebert (1906–1976) gewidmet. Seine Vita ist ebenso beeindruckend wie seine Werke. Albert Ebert kam 1906 als Kind einfacher Leute zur Welt und begann eine Lehre als Maurer, die er jedoch nicht abschloss. Fortan schlug er sich als Gelegenheitsarbeiter durchs Leben. Während er 1939 als Soldat verwundet im Lazarett lag, begann er zu malen. Noch bis 1956 arbeitete er als Heizer in der Kunsthochschule Burg Giebichenstein. Freunde und Förderer erkannten jedoch sein Talent und unterstützten ihn, sodass er als freischaffender Maler arbeiten konnte. Ebert ist bekannt für seine kleinformatigen poetischen Bilder, die den Alltag der kleinen Leute schildern. Albert Ebert gilt als der bedeutendste naive Künstler der DDR. Seine Werke sind heute in den bekannten deutschen Museen wie der Nationalgalerie in Berlin, dem Albertinum in Dresden und im Städel in Frankfurt am Main zu sehen.

Aktgemälde von Albert Ebert (Fotoaufnahme W. Danz, 1968).

dass 1817 der preußische Kronprinz Wilhelm von der Kapelle so beeindruckt war, dass die preußische Regierung bereits 1822 die Kapelle

Moritzburg von Oben

zusammen mit der Moritzburg zum Denkmal erklärte und sie ab 1888 als Universitätskirche wieder aufbauen ließ. Die historisierende Ausmalung, die Bildfenster, die neugotische Ausstattung mit dem Kanzelaltar sowie die Orgel sind dieser Restaurierung zuzuordnen. Heute wird die Kapelle von der evangelisch-unierten Universitätskirchengemeinde und der evangelisch-lutherischen Kirchengemeinde Halle/Saale zu St. Magdalena genutzt.

Sie verlassen die Moritzburg und betreten nun den Friedemann-Bach-Platz. Fürst Leopold von Anhalt-Dessau, der „Alte Dessauer", gestaltete diese Platzanlage im 18. Jahrhundert als Paradeplatz.

Sie gehen nun rechts den Berg hinunter, vorbei an der Südostbastion der Moritzburg, die lange Zeit das Kabarett „Die Kiebitzensteiner" beheimatete. Bevor Sie die Moritzburg hinter sich lassen, lohnt sich noch einmal ein Blick zurück auf den Südflügel, um die gelungene Symbiose aus spätgotischen und modernen Stilelementen zu betrachten.

Folgen Sie nun weiter der Straße Schlossberg hinab. Die gesamten Straßenzüge auf der linken Seite entstanden in den 1980er-Jahren neu. Im Vergleich zu den katastrophalen Bausünden der späten 1960er-Jahre (z. B. Neubebauung am Schülershof), wurde hier zumindest die Straßenstruktur der einstigen Altstadt weitgehend beibehalten. Es wurde für dieses Projekt sogar eine neue Plattenbaureihe mit der für diese Zeit typischen Bezeichnung „P Halle/IW 84-IB" mit Sonderelementen wie Eckloggien und Stahlbetonlamellen als quasi traditionellem Dachabschluss geschaffen.

Am tiefsten Punkt des Schlossbergs steht auf der linken Seite etwas unscheinbar das

Ende der 1980er-Jahre von Gerhard Geyer geschaffene **Denkmal für Matthias Grünewald (3).** Der Künstler Matthias Grünewald (um 1470–1528) gilt als einer der bedeutendsten Vertreter der deutschen Renaissance. Sein Aufenthalt in Halle war allerdings nicht nur künstlerisch veranlasst. Der Standort des Denkmals ist vielmehr mit Bedacht gewählt, sollte Grünewald doch aufgrund seiner technischen Fähigkeiten die „hallesche Wasserkunst" neu errichten. Hierbei handelte es sich um eines der Mühlenwerke, die Wasser entlang der Krone der Stadtmauer zu den öffentlichen Entnahmestellen leiteten.

Nach einem kurzen Weg die Mühlgasse hinauf stehen Sie auf dem **Domplatz (4).** Hier wenden Sie sich zunächst dem Dom zu, der auf der rechten Seite des Platzes zu sehen ist. Ursprünglich zwischen 1271 und 1330 vom Dominikanerorden als Klosterkirche errichtet, ist die dreischiffige Hallenkirche die älteste noch erhaltene Kirche in der Altstadt. Gemäß den Regeln des Bettelordens verzichteten die Mönche weitgehend auf Verzierungen, auf ein Querhaus und auf einen Turm.

Der Dom in seiner heutigen Gestalt ist eng mit dem Wirken von Kardinal Albrecht in Halle verbunden. 1513 wurde Albrecht von Brandenburg Magdeburger Erzbischof. Der 1518 zum Kardinal erhobene Albrecht stammte aus dem Haus Hohenzollern und war zu seiner Zeit der mächtigste Fürst nach dem Kaiser. Bei den Ansichten über den Kardinal streiten sich die Geister. Für die einen war er ein Ausbund an Laster, Ausschweifung und Machtgier, andere hingegen stellen eher sein Mäzenatentum und seine anfänglich durchaus liberale und humanistische Gesinnung in den Vordergrund. Immerhin rief er den Humanisten Ulrich von Hutten an seinen Hof und lud 1517 Erasmus von Rotterdam, den damaligen Führer der humanistischen Bewegung, persönlich ein. Der Kardinal galt zudem zweifelsohne als großer Förderer von Kunst und Wissenschaft.

Matthias-Grünewald-Denkmal.

Albrecht war begeistert von Halle und machte die Stadt zu seiner Lieblingsresidenz. Sicher war er sich seiner zahllosen Verfehlungen bewusst. Um sein Seelenheil zu retten, sammelte er unzählige zum Teil überaus wertvolle Reliquien, einen Schatz, der als Hallesches Heiltum bekannt wurde. Zur Erweiterung dieser Reliquiensammlung nutzte er den regen Ablasshandel, was nicht zuletzt Martin Luther zum Thesenanschlag in Wittenberg veranlasste.

Um das von ihm gegründete Neue Stift weiter ausbauen zu können, war die ursprüngliche Stiftskirche, die Maria-Magdalenen-Kapelle, ungeeignet. Die nächstgelegene Kirche war das schlichte Gotteshaus der Dominikaner, das sich unmittelbar südlich

Der Dom vom Osten mit seinem besonderen Giebelkranz.

Blick zum Dom vom Nordwesten mit Mühlgraben

Dom zu Halle

Der Dom wurde in den vergangenen Jahren aufwendig saniert und ist heute Gotteshaus der evangelisch-reformierten Domgemeinde (Öffnungszeiten: von April bis Oktober, dienstags bis samstags, 11–17 Uhr; von November bis April, dienstags bis freitags, 13–16 Uhr, samstags, 10–16 Uhr).

der Moritzburg befand. Was lag näher, als die Dominikaner aus deren Kloster zu vertreiben, zumal diese als Hauptgegner seines damaligen Freundes Erasmus von Rotterdam nicht mit Sympathien rechnen konnten.

Albrecht ließ die Kirche um 1520 unter Bastian Binder umfassend umgestalten. Markant am Dom ist vor allem der Giebelkranz vor dem Dach, der an ein Schmuck- oder Reliquienkästchen erinnern soll und der Kirche bis heute ihr unverwechselbares Aussehen gibt. Zu Zeiten Albrechts besaß die Kirche eine heute kaum mehr vorstellbare prächtige Innenausstattung, die unter anderem von Matthias Grünewald und Lucas Cranach d. Ä. stammt. Der Dom im Stil der Frührenaissance galt damals als eines der bedeutendsten Sakralbauwerke in Mitteldeutschland. Ursprünglich befand sich neben dem Dom ein freistehender *Campanile*, der 1536 fertiggestellt, jedoch bereits fünf Jahre später wieder abgerissen wurde.

Nachdem der Kardinal 1541 gezwungen worden war, Halle zu verlassen, ließ er alle beweglichen Ausstellungsstücke einschließlich der Reliquiensammlung nach Aschaffenburg abtransportieren, wo Teile der Sammlung bis heute zu sehen sind. Die folgenden Administratoren nutzten die Kirche als Hof- und Schlosskirche. Mitte des 17. Jahrhunderts gab es eine barocke Umgestaltung des Innenraums.

Innenansicht des Doms nach Osten.

Im Inneren der Kirche sind insbesondere die von 1522 bis 1525 geschaffenen monumentalen 18 Pfeilerfiguren von Peter Schro und die Kanzel aus Sandstein aus dem Jahr 1526 zu erwähnen.

Albrechts Hallesches Heiltum

Bereits 1520 besaß Albrecht insgesamt 8.133 Reliquienpartikel, darunter unscheinbare Knochen, Stofffetzen, Holzsplitter und dergleichen sowie 42 ganze Körper von Heiligen. Sie wurden in 353 kostbaren Reliquiengefäßen untergebracht. Nach dem damaligen „Kurs" entsprach dies einem Buß-Ablass für mehr als 39 Millionen Jahre!

Säule mit den streitenden Engeln und Putten unterhalb der Kanzel.

„Die Jugend" im Lebenszyklus am Brühmann-Brunnen auf dem Domplatz.

Für alle, die es ganz genau nehmen, sei noch ergänzend erwähnt: Einen echten Dom hat es in Halle nie gegeben, da die Stadt nie Sitz eines Bistums gewesen ist. Weil die Magdeburger Erzbischöfe aber über viele Jahre in Halle residierten und der Dom zusammen mit der benachbarten Neuen Residenz zu Beginn des 16. Jahrhunderts eines der bedeutendsten Stifte nördlich der Alpen war, wurde die Bezeichnung „Dom" geprägt.

Ein Kunstwerk unserer Tage ist der Brunnen auf dem Domplatz. Über 26 Jahre lang musste der Bildhauer Horst Brühmann warten, ehe er im Herbst 2012 die Einweihung des von ihm entworfenen Brunnens erleben durfte. Der Brunnen trägt den Titel „Lebenskreis". Die beiden Figuren im Norden symbolisieren die Jugend, die nach Süden blickenden das Alter. Die zentrale Figur – Mutter und Kind mit dem stürzenden Tod – heißt „Das Leben besiegt den Tod".

Unmittelbar südlich des Doms schließt sich die bereits erwähnte **„Neue Residenz" (5)** an. Heute vermittelt der Gebäudekomplex einen eher unscheinbaren Eindruck, von dem einstigen Glanz des Renaissance-Schlosses ist nicht mehr viel erhalten geblieben. Das sah zu Albrechts Zeiten ganz anders aus. Im Jahr 1531 ließ der Kardinal südlich des Doms einen vierflügeligen Gebäudekomplex als New Gebew im Stil der Frührenaissance errichten. Das Bauprojekt wurde von einigen mit dem Vorhaben Albrechts zur Gründung einer Universität in Halle in Verbindung gebracht. Die Residenz diente jedoch von Anfang an wohl ausschließlich als luxuriöses Wohnschloss des Kardinals

„Der Tod" im Lebenszyklus.

und zur Unterbringung seiner stetig anwachsenden Sammlungen. In der Residenz sollen beispielsweise eine Bibliothek mit großem Bücherbestand und ein pompös ausgestattetes „Lustbad" untergebracht gewesen sein.

Architekten waren die Hofbaumeister Andreas Günther und Bastian Binder, die auch schon am Dom gewirkt hatten. 1539 war der Bau vollendet. Die ursprünglich verputzten Bruchsteinbauten krönte ein eindrucksvoller Kranz hoher Zwerchhäuser mit welschen Giebeln. Der Innenhof war mit Arkaden geziert, die heute bloß noch zu erahnen sind. Nur zwei Jahre nach der Vollendung des Schlosses verließ Albrecht Halle.

Ihre eigentliche Blütezeit erlebte die Neue Residenz erst Mitte des 17. Jahrhunderts durch den musik- und kunstliebenden Herzog August von Sachsen-Weißenfels. Mit seiner prachtvollen Hofhaltung verhalf August der Stadt Halle zu einer erneuten wirtschaftlichen und kulturellen Blüte.

Später nutzte die hallesche Universität die Residenz, zunächst als Sammlungsräume, später auch als Domizil zahlreicher Fakultäten. Zahlreiche Umbauten im 18. und 19. Jahrhundert gingen einher mit einer steten Reduzierung der vielgestaltigen Bauformen der Neuen Residenz, sodass der Bau heute zu einer Art Rohbau gestutzt ist. Einzig die Träger und Stützen der einstigen Zwerchgiebel sind noch im Mauerwerk an der Saaleseite zu sehen.

Nach dem Auszug der Universität im Jahr 2003 suchte man nach neuen Nutzungskonzepten. Im Innenhof der Neuen Residenz werden seit 2009 mehrmals jährlich vom Beruflichen Bildungswerk e. V. Halle-Saalkreis in Zusammenarbeit mit dem Jobcenter Halle (Saale) und etwa 30 Langzeitarbeitslosen sehenswerte thematische Gartenlandschaften kunstvoll und mit viel Liebe zum Detail angelegt. Im Café wird selbstgebackener Kuchen angeboten, die Erlöse werden gemeinnützigen Einrichtungen gespendet.

Die Neue Residenz neben dem Dom.

Das Eingangsportal mit dem Wappen von Kardinal Albrecht.

Das Wohnhaus Wilhelm Friedemann Bachs.

Museum
Wilhelm-Friedemann-Bach-Haus
Dauerausstellung „Musikstadt Halle“

Große Klausstraße 12
Tel.: 0345 47234992
www.haendelhaus.de
Öffnungszeiten: von April bis Oktober, freitags, samstags, 10–18 Uhr;
von November bis März, freitags, samstags, 10–17 Uhr

Verlassen Sie den Hof der Neuen Residenz und gehen Sie die Domstraße nach rechts hinunter bis zur Kreuzung Große Klausstraße. Das an der Ecke befindliche „Café Nöö“ ist ein beliebtes Szenecafé der Stadt. Sie gehen rechts am „Café Nöö“ vorbei bis zum Hallorenring, an der Kreuzung biegen Sie links ab und gelangen zum **Friedemann-Bach-Haus (6),** dem ehemaligen Wohnhaus des gleichnamigen Barockmusikers.

Wilhelm Friedemann Bach (1710–1784) war ein Sohn Johann Sebastian Bachs. Er wird auch als der „Hallesche Bach“ bezeichnet. Zwischen 1746 und 1764 war er Musikdirektor und Organist an der Marienkirche in Halle, außerdem leitete er den Stadtsingechor zu Halle. Heute befindet sich im ehemaligen Wohnhaus ein Museum. Die Besucher werden in der Dauerausstellung „Musikstadt Halle“ auf eine Zeitreise durch die Musikgeschichte der Stadt eingeladen. Im Mittelpunkt der Ausstellung stehen dabei Leben und Schaffen der mit Halle in Verbindung stehenden Komponisten Samuel Scheidt, Georg Friedrich Händel, Wilhelm Friedemann Bach, Johann Friedrich Reichardt, Carl Loewe und Robert Franz.

Begeben Sie sich zurück zum „Café Nöö“ und biegen Sie nach rechts in die Große Klausstraße ein. Auf der linken Seite passieren Sie eines der ältesten noch vorhandenen Bürger-

In Halle wirkende Komponisten

Samuel Scheidt (1587–1654)
Kapellmeister, Komponist und von 1628 bis 1630 Musikdirektor für die drei großen Pfarrkirchen der Stadt: Marktkirche Unserer Lieben Frauen, St. Moritz und St. Ulrich. Neben Heinrich Schütz und Hermann Schein einer der wichtigsten Komponisten des 17. Jahrhunderts. Viele seiner ergreifenden Vokalwerke sind bis heute weitgehend unbekannt und unaufgeführt.

Johann Friedrich Reichardt (1752–1814)
Reichardt war königlich-preußischer Kapellmeister bei Friedrich II. Er konzentrierte sich später auf die Schriftstellerei und die Komposition von Liedern und Instrumentalwerken. Er war Begründer des Giebichensteiner Dichterparadieses. Das Schaffen als Liederkomponist und die Vertonung von Gedichten von Goethe und Herder machten ihn später berühmt. Prominente Gäste wie Goethe, Brentano und Tieck hielten sich mehrfach in Reichardts „Herberge der Romantik“ auf.

Carl Loewe (1796–1869)
Komponist, „Meister der deutschen Balladenkunst“. Er war Musikschüler bei Daniel Gottlob Türk und Sängerliebling im halleschen Stadtsingechor.

Robert Franz (1815–1892)
Eigentlich Robert Knauth. 1841 Organist an der Ulrichskirche, 1859 Universitätsmusikdirektor und bedeutender Liederkomponist des 19. Jahrhunderts. Er war Leiter der Singakademie Halle, die seit seinem Tod bis heute seinen Namen trägt. Mit eigenen Bearbeitungen Händelscher Oratorien hat er sich große Verdienste um die Etablierung der Werke G. F. Händels in Deutschland erworben. Dem Komponisten ist ein Denkmal am Universitätsring gewidmet. Sein Grab befindet sich auf dem Stadtgottesacker.

Älteste Ansicht des Händel-Hauses von 1859.

häuser aus dem Mittelalter, den sogenannten Ackerbürgerhof. An der Kreuzung zur Oleariusstraße gehen Sie vorbei am originellen 1988 von Bernd Baumgart und Hans-Joachim Triebsch geschaffenen Wandbild. Im Jahr 2002 wurde es restauriert und mit neuen Figuren ergänzt, wie z. B. der „Dame mit dem nackten Po“.

Sie biegen dann nach links in die Oleariusstraße ein und gelangen so zu einem weiteren stadtgeschichtlich sehr bedeutsamen Gebäude, dem **Händel-Haus (7).**

Musik ist heute von Geburt an ein permanenter Begleiter im Alltag. Ob im Autoradio, im Kaufhaus oder im Fernsehen – Musik ist aus dem täglichen Leben nicht mehr wegzudenken. Zur damaligen Zeit war dies anders. Für den einfachen Bürger war Musik vorrangig mit dem Kirchgang verbunden. Welchen Eindruck musste da wohl der Klang der Orgel, „Königin der Instrumente“, auf die Menschen ausgeübt haben?

Daher verwundert es nicht, dass viele berühmte Musiker des Barocks eng mit der Kirchenmusik in Verbindung standen, so auch der 1685 in Halle geborene Georg Friedrich Händel. Händels Vater war als Leibchirurg und Geheimer Kammerdiener am Hof des Herzogs Johann Adolf I. von Sachsen-Weißenfels tätig. Die angesehene Familie wohnte in dem Haus, das heute als Händel-Haus bekannt ist. Es wird vermutet, dass der Herzog anlässlich eines Besuches der Familie Händel das Talent des achtjährigen Georg Friedrichs erkannte und ihn daraufhin förderte. Einige Jahre lang war Händel Schüler von Friedrich Wilhelm Zachow (1663–1712), der Händels Kompositionsstil nachhaltig beeinflusste. Im Jahr 1701 kam es zum ersten Treffen von Georg Philipp Telemann (1681–1767) mit dem damals 16-jährigen Händel in Halle. Aus diesem Treffen ergab sich eine lebenslange, konstruktive und produktive Zusammenarbeit zwischen beiden Komponisten. Händel ließ sich zunächst an der Universität zum Studium der Rechtswissenschaften immatrikulieren, zudem übernahm er 1702 den Organistenposten am halleschen Dom.

Dies sollte die einzige traditionelle Anstellung seines Lebens bleiben. Im Sommer 1703 verließ der 18-jährige Händel Halle in Richtung Hamburg und begann seine Karriere, die als einer der erfolgreichsten Musiker aller Zeiten in London endete. Das Händel-Haus ist seit 1948 ein Museum und beherbergt

Musikmuseum Händel-Haus

Große Nikolaistraße 5
Tel.: 0345 500900
www.haendelhaus.de
Öffnungszeiten: April bis Oktober, dienstags bis sonntags, 10–18 Uhr; November bis März, dienstags bis sonntags, 10–17 Uhr

Das heutige Händel-Haus in der Großen Nikolaistraße.

unter anderem eine historische Instrumentensammlung.

Und Halle besitzt noch einen musikalischen Schatz, der vielen jedoch unbekannt sein wird. Der Stadtsingechor zu Halle gilt als einer der ältesten Knabenchöre Deutschlands. Seine erste urkundliche Erwähnung geht bereits auf das Jahr 1116 mit der Gründung des

Das Europa-Carillon – Europas größtes Glockenspiel

Oftmals nur unbewusst wahrgenommen, hängt in luftiger Höhe mitten auf dem Marktplatz ein ganz besonderer hallescher Schatz: Europas größtes Glockenspiel (Carillon) mit 76 Glocken, die vom Roten Turm erklingen. Die größte Glocke trägt den Namen „Dame Händel". Sie hat einen Durchmesser von 2,36 Metern und wiegt 8.056 Kilogramm. Die kleinste Glocke wiegt nur 10,7 Kilogramm und hat einen Durchmesser von 16,3 Zentimetern.
Bis 2017 wurde das schwerste Musikinstrument Europas nur von der eingebauten Automatik und selten von Gast-Carillonneuren bespielt. „Die halleschen Carilloneure" versetzen nun aber regelmäßig die Zuhörer in Erstaunen. Das Carillon wird mit Fäusten und Füßen gespielt. Außerdem steuert eine Automatik zu jeder vollen Stunde den Westminster-Schlag und spielt täglich um 9, 12, 15 und 18 Uhr eine Melodie, passend zur Jahreszeit.
Neugeborene Babys werden übrigens in der Stadt Halle auf ganz besondere Art und Weise begrüßt. Für jedes Neugeborene erklingt um 13 Uhr ein zusätzlicher Glockenschlag vom Roten Turm auf dem Marktplatz.

Klosters Neuwerk zurück. Zu seinen herausragendsten Chordirektoren gehörten Samuel Scheidt, Friedrich Wilhelm Zachow und Wilhelm Friedemann Bach. Noch immer trägt der Chor bei seinen Konzertreisen den Namen der Stadt Halle in die Welt hinaus.

Am Händel-Haus gabeln sich die Große Nikolaistraße und die Kleine Klausstraße, durch letztere gehen Sie rechts in Richtung Marktplatz bis zu einem kleinen Platz. Hier steht das letzte Fachwerkensemble des 16. und 17. Jahrhunderts. Einst durch reiche Handwerker und Kaufleute errichtet, gehörte es 1984 ebenfalls zu den Abrisskandidaten. Dem Engagement verantwortungsbewusster Bürger ist es zu verdanken, dass diese mittelalterlichen Fachwerkhäuser erhalten blieben und restauriert wurden.

Sie sind nun in wenigen Schritten auf dem halleschen Marktplatz. Er wird vom Roten Turm dominiert, einem einzeln stehenden Glockenturm wie ein italienischer *Campanile.*

Um einen Eindruck von der architektonischen Schönheit des Marktplatzes zu erhalten, überqueren Sie diesen zunächst diagonal in Richtung Rathaus. Von hier aus lässt sich das architektonische Ensemble am besten genießen. In der Mitte des Marktplatzes steht das Händeldenkmal, das 1859 zum 100. Todestag des Musikers eingeweiht wurde. Die 1.500 Kilogramm schwere, 3,20 Meter hohe Bronzestatue zeigt Händel vor seiner Taufkirche stehend, in Richtung London blickend. Das Denkmal haben Deutsche und Briten gemeinsam finanziert, das englische Königshaus spendete ein Drittel der Kosten.

Gehen Sie nun zur **Marktkirche Unser Lieben Frauen (8),** die die Silhouette der Stadt wie keine andere prägt. Prof. Oskar Rebling, Marktkirchenorganist bis 1967, sagte einmal: „Eine Kirche, in der Luther dreimal predigte, Georg Friedrich Händel getauft wurde und deren große Orgel Johann Sebastian Bach eingeweiht hat, finden Sie auf der

Innenansicht vom Roten Turm.

Blick auf die Ostseite des Roten Turms mit Roland (G. Riehm).

ganzen Welt nicht wieder.“ Aber der Reihe nach. Auch die Geschichte dieser Kirche ist wieder eng mit Kardinal Albrecht verwoben. Die hallesche Bürgerschaft war um 1500 durch die Salzgewinnung und den Handel mit dem Weißen Gold noch immer reich.

Der Rote Turm, an dem schon über 80 Jahre lang gebaut wurde, stand kurz vor seiner Fertigstellung. Auf dem Marktplatz stand die St. Marienkirche mit ihren beiden imposanten romanischen Kirchtürmen, den heutigen Hausmannstürmen, die das vordere Turmpaar der heutigen Marktkirche bilden.

Das Schiff dieser Kirche der halleschen Kaufleute und Handwerker lag zwischen dem heutigen Roten Turm und den Hausmannstürmen. Westlich davon befand sich ein weiterer imposanter Bau, die Gertrudenkirche. Dies war die Kirche der halleschen Salzsieder. Auch diese Kirche besaß zwei hoch aufragende Türme, die Blauen Türme.

1529 begann die von Kardinal Albrecht initiierte und vom Rat der Stadt begrüßte umfassende Umgestaltung des Marktplatzes. Nicht zuletzt wollte er damit wohl auch eine weitere machtvolle Gegendemonstration zur Reformationsbewegung setzen. Von 1529 bis 1530 ließ er die Schiffe beider Kirchen abreißen. Es blieben allein die beiden Turmpaare und der Rote Turm übrig. Die Friedhöfe um die beiden Kirchen wurden eingeebnet. Als Ersatz dafür legte man vor den Toren der damaligen Stadt auf dem Martinsberg im Stil der italienischen Renaissance den Stadtgottesacker an, den Sie im Rundgang 1 besichtigen.

In mehreren Bauphasen wurde eine riesige dreischiffige Hallenkirche zwischen den beiden Turmpaaren errichtet. Zu guter Letzt wurden zwischen 1551 und 1554 noch die markanten Renaissance-Hauben auf die Hausmannstürme aufgesetzt und beide Türme mit einer Brücke verbunden. Das äußere Erschei-

Marktplatz zu Halle a/S anno 1500 mit der Gertrudenkirche, Marienkirche und dem Roten Turm.

nungsbild der Marktkirche ist somit seit mehr als 450 Jahren quasi unverändert!

Die Fertigstellung der Marktkirche im Jahr 1554 erlebte Kardinal Albrecht nicht mehr. Im Jahr 1541 verließ er endgültig die Stadt und sah Halle nie wieder. Sein Ziel, die Reformation in Halle zurückzudrängen, verfehlte er gehörig.

1541 wurde Halle protestantisch. 1545 und 1546 predigte Luther mindestens dreimal in der halbfertigen Kirche am Marktplatz. Nur noch der Flügelaltar aus der Werkstatt Lucas Cranachs d. Ä., auf dessen Festtagsbild sich der Kardinal selbst mit abbilden ließ, weist auf die katholischen Auftraggeber hin.

Die Kirche ist der letzte große Hallenbau der obersächsischen Spätgotik und gehört zu den herausragenden Architekturleistungen jener Epoche in Mitteldeutschland. Den Entwurf lieferte der Ratsbaumeister Caspar Krafft. Nach dessen Tod 1540 übernahm sein Nachfolger Nickel Hoffmann die Fertigstellung der westlichen Hallenhälfte und entwarf die Renaissance-Emporen der Kirche. Das Ende der Bauzeit zeigt eine Inschrift an der südlichen Empore: „DVRCH GOTES HVLF HAB ICH NICKEL HOFMAN DISEN BAW IM 1554 VOLENDET."

Zu den Schätzen der Marktkirche gehören die Totenmaske Martin Luthers, ein 1430 gegossenes Bronzetaufbecken, in dem Georg Friedrich Händel 1685 getauft wurde, und die wertvolle, über 450 Jahre alte Marienbibliothek mit ihren reichlich 30.000 Bänden aus dem 15. bis 18. Jahrhundert.

Die Marktkirche war zudem über die Jahrhunderte hinweg eng mit dem musikalischen Schaffen in der Saalestadt verbunden. Die kleinere der beiden Orgeln schuf 1663–1664

Marktkirche, Westseite, mit Blick auf die Hauptorgel und das Taufbecken von 1430.

Georg Reichel. Auf ihr erlernte Händel das Orgelspiel. Die große von Christoph Cuntius gebaute Orgel nahm Johann Sebastian Bach im Jahre 1716 in Betrieb. Hinter ihrem barocken Orgelprospekt erklingt seit 1984 ein modernes Orgelwerk der Firma Schuke. Und mit noch einem berühmten Meister kann die Kirche auftrumpfen. 1841 wurde der Altar-

Der Baumeister Nickel Hoffmann (um 1510–1592)

Als Steinmetz, Bildhauer, Werkmeister und Bauunternehmer war er einer der bedeutendsten Künstler zwischen Spätgotik und Renaissance im mitteldeutschen Raum. Ab 1542 prägte er entscheidend das Baugeschehen in Halle mit. Neben der Markt- und der Moritzkirche war er u. a. auch am Bau der Anlagen des Stadtgottesackers, der Ratswaage auf dem Marktplatz und wahrscheinlich auch am Christian-Wolff-Haus in der Großen Märkerstraße 10 tätig.

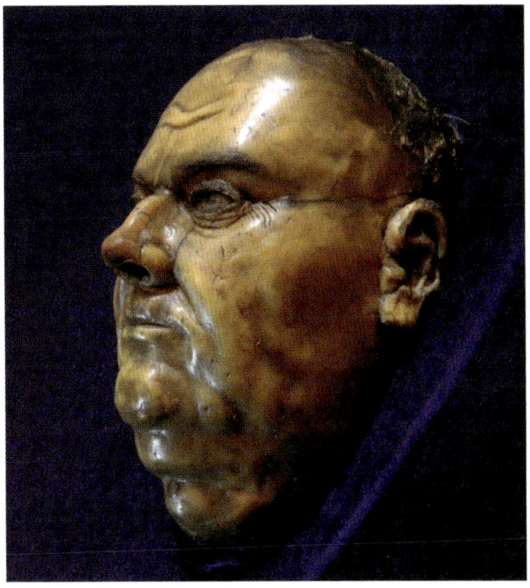

Die Totenmaske Martin Luthers.

Blick von den Hausmannstürmen zu den Blauen Türmen.

Die beiden Hausmannstürme, in denen bis 1916 der Hausmann (Türmer) wohnte.

platz nach den Plänen von Karl Friedrich Schinkel (1781–1841) umgestaltet.

Öffnungszeiten der Marktkirche:

www.marktkirche-halle.de
Offene Kirche und Besichtigung der Totenmaske: Januar und Februar, montags bis samstags: 11.30 bis 16 Uhr, sonntags: 15 bis 16 Uhr; März bis Dezember, montags bis samstags: 10 bis 17 Uhr, sonntags: 15 bis 17 Uhr; Orgelmusik erklingt dienstags um 16 Uhr und donnerstags um 12 Uhr (März-Dez.), samstags 12-12.30 Uhr (Juni-Aug.)

Gehen Sie nun entlang des Kirchenschiffes, wahlweise auf der Südseite über Treppen oder auf der Nordseite entlang der Straße, hinunter zum **Hallmarkt (9).** Der Platz wurde lange Zeit recht stiefmütterlich behandelt und vorwiegend als Parkplatz genutzt. Seine heutige Gestalt bekam er Ende der 1990er-Jahre. Im Blickpunkt des Platzes befindet sich der sogenannte Göbelbrunnen. Das von dem Bildhauer Bernd Göbel geschaffene Kunstwerk greift nicht nur Motive aus der Realgeschichte der Saalestadt auf, sondern befasst sich auch mit den Sagen und Mythen der Stadt und ihrer Gründung. An seinem Rand stehen die Figurengruppen „Fischerstecher“, „Saalenixe“ und „Trothaer Schäfer“.

Schon 1975 hatte der Rat der Stadt Halle den Auftrag für den Brunnen erteilt. Die Figuren

Friedrich Wilhelm Zachow (1663–1712)

1684 wurde der erst zwanzigjährige Zachow zum Organisten der halleschen Marienkirche berufen. Zu seinen Schülern zählten Musiker wie Gottfried Kirchhoff, Johann Gotthilf Ziegler sowie natürlich – um 1692 – Georg Friedrich Händel. Zachow unterwies seine Schüler sowohl in der Komposition als auch an der Orgel. Händel soll bei ihm außerdem Violine, Orgel, Harpsichord und Oboe studiert haben. Er äußerte sich stets lobend über dessen Unterricht und behielt seinen Lehrer zeitlebens in respektvollem Andenken. Nach Zachows Tod half er dessen Witwe mehr als einmal aus finanziellen Schwierigkeiten. Zachows Kompositionen markieren einen Übergang vom geistlichen Konzert in der Tradition eines Heinrich Schütz zur madrigalischen Kantate der Bach-Zeit. Er hinterließ unter anderem rund 50 Orgelchoräle und 32 Kirchenkantaten.

Modernes Treppenhaus in einem der beiden Hausmannstürme.

waren seit vielen Jahren gegossen und harrten im Garten des Bildhauers ihrer angedachten Verwendung. Bevor es dann 1998 endlich so weit war, gab es 1997 große Aufregung um die Darstellung des Kardinals Albrecht. Göbel zeigt ihn nackt, nur mit der Mitra bekleidet, kauernd in Karnickelstellung über einer ebenfalls entblößten Frau. Diese ergreift die Hand eines unter ihr knienden Mannes, der wiederum von Albrecht mit Füßen getreten wird. Hier greift Göbel eine wahre Begebenheit auf. Als der Kardinal 1514 nach Halle kam, ließ er in Frankfurt am Main seine Geliebte zurück. Er schickte Hans von Schönitz los, um sie nachzuholen. Auf der langen Reise bahnte sich zwischen den beiden offenbar ein Verhältnis an. Zwanzig Jahre später ließ der Gottesmann den Nebenbuhler aufhängen mit der Begründung, er habe Geld aus dem Staatssäckel stibitzt – ein Justizmord also? Die „Zeit“ stellte seinerzeit die „Kardinalsfrage“: Darf ein kirchlicher Würdenträger nackt dargestellt werden? Man fand einen Kompromiss. Göbel arbeitete die Statue des Kardinals um und entfernte die Mitra, die Bischofsmütze. Er ließ dem Kardinal die Haare zu Berge stehen wie eine Mitra. Unten im Becken sieht man ein kleines Teufelchen, das die Mitra wiederbringt.

Am Ende des Hallmarktes biegen Sie nach links und gehen durch die Dreyhauptstraße, an deren Ende Sie die **Moritzkirche (10)** erblicken. Die heute im Stadtbild etwas versteckte

Der Hallmarkt mit Göbelbrunnen und Blick zur Marktkirche.

Kirche gilt als ein Schlüsselwerk der spätgotischen Hallenbaukunst im sächsischen Raum. Sie gehörte einst dem Augustiner-Chorherrenstift St. Moritz und war zugleich Pfarrkirche der Pfänner. Der Vorgängerbau der Moritzkirche entstand im 11. Jahrhundert. Nachdem die Pfänner zu Macht und Reichtum gekommen waren, wurde 1388 mit dem Neubau anstelle der alten Kirche begonnen. In das 1520 aufgelöste Augustiner-Chorherrenstift zogen die Dominikaner-Mönche ein, die Kardinal Albrecht aus dem Dom vertrieben hatte.

Im ersten Bauabschnitt wurde der Ostteil neu errichtet, der der Stadt zugewandt ist. Erkennbar ist insbesondere am spätgotischen Chor ein sehr plastisch dekorativer Baustil, was auf den Reichtum des Stiftes und der Pfänner im 14. und 15. Jahrhundert hinweist. Vergleichen Sie selbst – die Moritzkirche weist von den vier halleschen mittelalterlichen Kirchen die mit Abstand aufwendigste Außenarchitektur auf!

Der Schöpfer des nackten Kardinals

Bernd Göbel, 1942 in Freiberg (Sachsen) geboren, war zwischen 1982 und 2008 Professor an der Kunsthochschule Burg Giebichenstein und ist einer der weltweit bekanntesten Medailleure und somit wohl jedem Numismatiker bekannt. Die meisten Hallenser dürften Göbel jedoch eher als Schöpfer zahlreicher Plastiken und insbesondere des nach ihm benannten Göbelbrunnens auf dem Hallmarkt kennen.

Historische Aufnahme vom Wochenmarkt auf dem Hallmarkt (G. Riehm).

Eine Sage vom Schellenmoritz

Im Volksmund gilt der Schellenmoritz, auch Schellenmotz genannt, als der Erbauer der Moritzkirche. Der einstige Ritter war ein jähzorniger und widerborstiger Mann, der sich mit vielen anlegte und daher sehr unbeliebt war. Eines Tages saß er beim Mahle in seinem Ritterhof „Brunos Warte" und geriet mit seinem Hauskaplan in Streit. Er spottete über die Kirche und die Pfaffen. Der Geistliche ließ sich das nicht bieten und stieß einen fürchterlichen Fluch gegen Ritter Moritz aus. Dieser sprang wütend auf, packte den Geistlichen, hob ihn empor und schmetterte ihn gegen das Fenster. Der Bedauernswerte stürzte mitsamt dem Fenster in den Hof und fand dabei den Tod. Moritz stand da wie versteinert. In seiner Not eilte er zum Prior des Klosters auf dem Petersberg und fragte ihn um Rat, wie er angesichts dieser schweren Sünde sein Seelenheil wiederbekommen könne. Der Prior schwor beim heiligen Petrus, dass der Ritter unweigerlich exkommuniziert werden müsse, sofern er nicht unverzüglich dem heiligen Moritz eine Kirche baue, die prächtigste in unserem Lande. So begann Moritz unverzüglich mit dem Bau. Sooft er auf den Bauplatz kam und einen Arbeiter ausruhen sah, schlug er ihn im Zorn mit seinem Stocke. So war gar mancher der Bauleute zu Tode gekommen. Eines Tages aber reute den Moritz auch diese Unbesonnenheit. Um künftig keine weiteren Morde zu begehen, ließ er sich Schellen an sein Wams nähen. Die erklangen nun immer, wenn er nahte, warnten die Arbeiter und trieben sie zum Fleiß an. Fortan kam niemand mehr durch den Schellenmoritz ums Leben.

Die Innenansicht der Moritzkirche nach Osten.

Der heilige Mauritius, auch als sogenannter Schellenmoritz bekannt.

Mit zunehmendem Baufortschritt wurden jedoch die Gelder knapper und knapper. Im westlichen Bauabschnitt, der erst Anfang des 16. Jahrhunderts fertiggestellt werden konnte, wird die Gestaltung erkennbar schlichter. Von den ursprünglichen Plänen, im Westen ein Turmpaar zu errichten, musste man Abstand nehmen. Am Ende reichte es nicht einmal zu einem richtigen Turm. Die Grundmauern des geplanten Turmes erreichten gerade einmal die Traufhöhe des Langhauses.

Die Einwölbung der Kirche fand dann Mitte des 16. Jahrhunderts statt. Nachdem Nickel Hoffmann 1554 den Bau der Marktkirche vollendet hatte, fügte er ein Jahr später auch in der Moritzkirche ein filigranes Netzgewölbe ein.

Der Niedergang der Pfännerschaft in den folgenden Jahrhunderten hinterließ auch seine Spuren an der Moritzkirche. 1833 war diese so baufällig geworden, dass sie eigentlich aufgegeben werden sollte. Glücklicherweise fanden sich bereits zu dieser Zeit verantwortungsbewusste Bürger, die sich für eine Restaurierung der Kirche einsetzten, sodass die Moritzkirche bis heute erhalten blieb.

In ihrem Inneren sind insbesondere die Meisterwerke der gotischen Bildhauerkunst und des Baumeisters Conrad von Einbeck zu bewundern, unter anderem der heilige

Mauritius (der sogenannte Schellenmoritz) von 1411 und die Klagende Maria (1416).

Sie gehen nun nach links durch die Straße Alter Markt. Auf der rechten Seite passieren Sie ein Museum der besonderen Art, das seit 2000 in Halle ansässige Beatles-Museum. Am Ende der Straße gelangen Sie zum **Alten Markt (11).** Der unscheinbare Platz ist einer der wenigen Orte in der halleschen Altstadt, der noch den Eindruck der mittelalterlichen Stadtbebauung mit ihren niedrigen Traufhöhen vermittelt. Welche Machtdemonstration müssen die riesigen Kirchenbauten mit ihren für die damalige Zeit unvorstellbar hohen Türmen auf die damaligen Menschen ausgeübt haben!

Der 1913 errichtete Eselsbrunnen in der Mitte des Platzes berichtet von einer berühmten Legende. Kaiser Otto I. soll von den Bewohnern der Saalestadt hier erwartet worden sein. Man wollte ihm einen feierlichen Empfang bereiten, indem man Blumen auf den Weg streute, unter denen sich viele Rosen befanden. Der Kaiser kam aber aufgrund eines Hochwassers durch ein anderes Tor in die Stadt geritten, die Blumen blieben unbeachtet liegen. Als nun bald darauf der Müller von Böllberg seinen beladenen Esel zum Rannischen Tore hineintrieb, ging dieser statt des Kaisers über die Rosen. Das machte den Hallensern so viel Spaß, dass dies in dem Wahrzeichen verewigt wurde. Ein Relief mit diesem Motiv befindet sich zudem am nördlichen Hausmannsturm oberhalb des Turmeingangs.

Sie biegen nun nach links in die Schmeerstraße ab, um gleich darauf rechts in die Kuhgasse zu gelangen. Auch das Viertel zwischen

Der Eselsbrunnen am Alten Markt.

Von der halleschen Künstlerin Irmtraud Ohme gestaltete Türklinke an der Ulrichskirche.

Altem Markt und Ulrichskirche ist Ende der 1980er-Jahre nur knapp dem vollständigen Abriss entgangen. Sie überqueren die Große Märkerstraße und gehen nun durch die Kleine Märkerstraße. Diese enge Gasse vermittelt einen Eindruck von der früheren mittelalterlichen Straßenführung. Bei nächster Gelegenheit biegen Sie nach links ab. Nach wenigen Schritten biegen Sie rechts in eine noch kleinere Gasse ein und gelangen so durch einen Torbogen zur **Ulrichskirche (12).**

Ihre ursprünglichen Bauherren waren Mönche des *Ordo Servorum Mariae*, die Marienknechte. Der Servitenorden gehört zur sich zu Beginn des 13. Jahrhunderts ausbreitenden Bewegung der Bettelorden. Halle war 1275 übrigens der erste Ort nördlich der Alpen, an dem sich der aus Italien stammende Orden niederließ. Er begann Mitte des 14. Jahrhunderts mit dem Bau der Kirche, die 1510 vollendet wurde. Die Mönche hatten jedoch nur kurze Freude an ihrem Gotteshaus, 17 Jahre nach der Fertigstellung wandten die Serviten der Stadt den Rücken zu. Lag es an der sich ausbreitenden Reformation oder hatte auch hier wieder Kardinal Albrecht seine Finger im Spiel? Die Mönche verkauften Albrecht für 500 Gulden ihren Besitz, 1531 übergab er dann die Kirche der Ulrichsgemeinde als Ersatz für ihr Gotteshaus, das Albrechts Bauplänen weichen musste. Von 1806 bis 1836 gehörte die Kirche zur Universität. An ihr wirkten u. a. Francke und Freylinghausen als Pastoren und Robert Franz als Organist.

Ihre Form als zweischiffige, querhauslose Hallenkirche steht wie auch der Dom

Die Ulrichskirche an der heutigen Leipziger Straße.

in der Tradition vieler Bettelordenskirchen. Anstelle eines Turmes sind zwei Dachreiter angebracht. An der Nordseite sind Reste der ehemaligen Klosterklausur vorhanden, durch die Sie von der Kleinen Märkerstraße zur Kirche gelangten.

Seit 1976 wird die Kirche als Konzerthalle mit 500 Sitzplätzen genutzt. Beim Umbau wurden große Teile ihre Ausstattung, darunter ein Flügelaltar von 1488, ein Taufbecken und die Kanzel, an die Magdeburger Wallonerkirche abgegeben. Von der historischen Förner-Orgel aus dem Jahr 1675 ist heute nur noch der Barockprospekt auf der Westempore erhalten. Die heutige Konzertorgel in der Apsis der Ulrichskirche erbaute 1980 die Orgelbaufirma Wilhelm Sauer (Frankfurt/O.). Das Instrument hat 56 Register auf drei Manualen und Pedal und ermöglicht die Darbietung eines breiten Spektrums an Orgelliteratur unterschiedlicher Epochen.

Bitte schenken Sie Ihre Aufmerksamkeit auch der neuzeitlichen Eingangstür im Nordportal zur Konzerthalle. Sie wurde durch die hallesche Metallgestalterin Irmtraud Ohme angefertigt. Die Türklinke zeigt dabei das bekannte Motiv aus der bereits beschriebenen Legende „Der Esel, der auf Rosen geht".

Hier endet nun der Rundgang 2. Über die Leipziger Straße erreichen Sie in wenigen Schritten den Marktplatz. Von der Ostseite aus bietet sich noch einmal ein schöner Blick auf einen der größten Marktplätze Deutschlands und die imposanten fünf Türme, für die Halle so berühmt ist.

3. RUNDGANG

ALMA MATER HALENSIS

Auf den Spuren der halleschen Universität

Wussten Sie, dass die hallesche Universität zu den ältesten in ganz Deutschland zählt? Kennen Sie die Gelehrtenstraße von Halle? Selbst für den „geübten" Hallenser gibt es auf diesem Rundgang noch viel Unbekanntes zu entdecken, vielleicht auch die Tatsache, dass der heutige Universitätsplatz berechtigterweise zu den schönsten in ganz Deutschland gehört. Ein Kleinod der Geschichte – Sie werden staunen und begeistert sein!

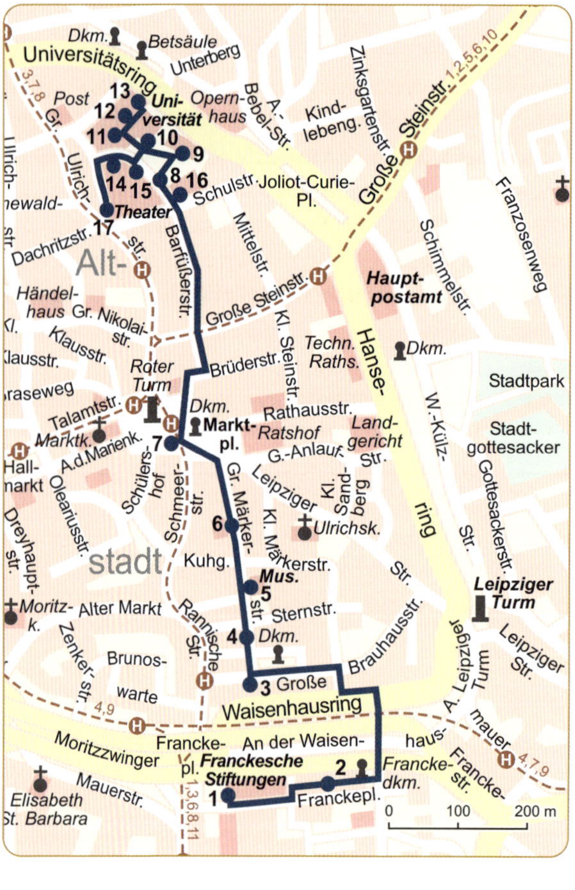

2 Stunden

Haupthaus der Franckeschen Stiftungen

Haupthaus der Franckeschen Stiftungen (1)
Lindenhof mit dem Francke-Denkmal (2)
Riesenhaus (3)
Große Märkerstraße (4)
Christian-Wolff-Haus (5)
Schleiermacher-Haus (6)
Marktplatz (7)
Universitätsplatz (8)
Robertinum (9)
Löwengebäude (10)
Melanchthonianum (11)
Thomasianum (12)
Burse „Zur Tulpe" (13)
Franz-von-Liszt-Haus (14)
Juridicum (15)
Audimax (16)
Theater und Kulturinsel (17)

Das Haupthaus der Franckeschen Stiftungen mit seinem imposanten Giebel.

Dieser Rundgang entführt Sie in die mehr als 300-jährige hallesche Universitätsgeschichte. Dass Halle spätestens im 18. Jahrhundert den Schritt aus dem Provinziellen heraus nahm, ist wesentlich der Universität geschuldet. Denn ohne die Leistungen bekannter, aber auch mittlerweile unbekannter Gelehrter vergangener Zeiten wäre die Welt um einiges ärmer und so manche Erfindung verborgen geblieben. Von den Franckeschen Stiftungen aus folgt der Rundgang der berühmten Gelehrtenstraße bis zum heute beliebten Universitätsplatz, der zu den schönsten in Deutschland zählt.

Unser Rundgang beginnt vor dem **Haupthaus der Franckeschen Stiftungen (1)** am Franckeplatz 1. Zu Zeiten ihrer Gründung befanden sich die Einrichtungen außerhalb von Halle in dem damals kleinen Ort Glaucha. August Hermann Francke (1663–1727) gründete die Franckeschen Stiftungen um 1700 als pietistische Bildungseinrichtung. Angeblich tat er dies mit 4 Talern und 16 Groschen aus einer Spendenbüchse. Die Schulstadt wurde dann innerhalb weniger Jahrzehnte zur bedeutendsten protestantischen Bildungsanstalt Europas. Francke errichtete ein Schulsystem, das auch Waisenkindern die Möglichkeit bot, eine umfassende Bildung zu erhalten. Die Gebäude der Franckeschen Stiftungen wurden ihrer großen Bedeutung wegen auf die Weltkulturerbe-Vorschlagsliste der UNESCO gesetzt.

Noch heute befinden sich Schulen auf dem Gelände, unter ihnen das Landesgymnasium Latina August Hermann Francke, universitäre Einrichtungen wie die Theologische Fakultät und das Deutsche Jugendinstitut. 2002

Franckesche Stiftungen

Informationszentrum, Franckeplatz 1,
Tel.: 0345 2127400
www.francke-halle.de
Öffnungszeiten: dienstags bis sonntags, feiertags, 10–17 Uhr

Das Wohnhaus August Hermann Franckes vor der 2012 erbauten Bundeskulturstiftung.

wurde dieser traditionsreiche Ort Sitz der neu gegründeten Bundeskulturstiftung.

Das Hauptgebäude, das ehemalige historische Waisenhaus, ist durch seinen hohen und sehr farbig gestalteten Giebel und den imposanten äußeren Treppenaufgang schon von Weitem sichtbar. Der Spruch im Giebel lautet: „DIE AUF DEN HERRN HARREN KRIEGEN NEUE KRAFT, DASS SIE AUFFAHREN MIT FLUEGELN WIE ADLER." Mit der Stelle aus Jesaja 40,31 kommt der pietistische Gedanke von Francke zum Ausdruck. Die Finanzierung des um 1700 fertiggestellten Gebäudes erfolgte aus Spendengeldern und Zuschüssen vom Kurfürsten. Das historische Waisenhaus beherbergt heute u. a. ein Museum für Kinder, das Krokoseum, sowie die Kunst- und Naturalienkammer. Sie gilt als einzige noch vollständig erhaltene barocke Wunderkammer Europas. Das Kabinett beinhaltet mehr als 3.000 Exponate, die in prachtvollen, handbemalten Vitrinen ausgestellt sind. Zu bewundern sind u. a. Naturalien, Artefakte und Kuriositäten, die in der gesamten Welt gesammelt wurden.

Direkt gegenüber vom Treppenaufgang des Haupthauses sehen Sie das restaurierte Wohnhaus August Hermann Franckes. Hier finden Sie das Informationszentrum und das Francke-Kabinett mit Ausstellungen. Dieses Haus ist das einzige, das aus der Zeit vor der Errichtung der Stiftungen stammt. Francke hatte das alte Wirtshaus erworben und 1702 zu einem Wohnhaus umbauen lassen. 2012 entstand daneben im Zuge der Neugestaltung des Vorplatzes der Neubau der Bundeskulturstiftung, die einen architektonisch reizvollen Kontrast zu den historischen Gebäuden bildet.

Am Wohnhaus Franckes vorbei begeben Sie sich nun durch das Schwarze Tor auf das Gelände der Stiftungen. Entlang des Weges befinden sich auf der linken Seite die Mensa der Franckeschen Stiftungen und das Insti-

Blick vom Altan des Hauptgebäudes der Franckeschen Stiftungen in den Lindenhof.

Das Francke-Denkmal.

tut für Bibelkunde. Sie nehmen den ersten Durchgang links und befinden sich dann im **Lindenhof mit dem Francke-Denkmal (2)** am oberen Ende. Dieser Hof ist weitestgehend im Originalzustand erhalten. 1880 unterbreitete der Pfarrer und Schriftsteller Armin Stein dem damaligen Direktor der Stiftungen Dr. Frick den Vorschlag, Linden zu pflanzen.

Im Haus Nr. 22 befindet sich die sehr bekannte Kulissenbibliothek. In einem eigens dafür errichteten Bibliothekszweckbau präsentieren sich hier etwa 50.000 Bücher zu allen Gebieten des Wissens, vor allem aber zur Kirchen- und Bildungsgeschichte der Frühen Neuzeit. Nach der Sanierung in den 1990er-Jahren zeigt sie sich heute wieder in ihrer beeindruckenden Gestalt von 1746.

In den Kellergewölben des Hauses Nr. 24 befindet sich seit dem Jahr 2000 die erste und bisher einzige orthodoxe Kirche des Landes Sachsen-Anhalt mit prächtiger Ausmalung.

Leicht bergauf gehen Sie entlang der Linden bis zum Francke-Denkmal. Dieses schuf der Berliner Bildhauer Christian Daniel Rauch 1829 auf einem von Karl Friedrich Schinkel entworfenen Sockel. Im Jahr 1992 konnte es dank einer Spende der Schriftstellerin Christine Brückner restauriert werden.

August Hermann Francke war pietistischer Theologe und Begründer eines besonderen pädagogischen Konzeptes. Als er 1692 Pfarrer in Glaucha wurde, lag die Gemeinde wirtschaftlich und moralisch völlig am Boden. Trunk- und Spielsucht prägten das öffentliche Leben. Eine Pestepidemie hatte 1681 fast die Hälfte der Einwohner dahingerafft. Zahllose Waisenkinder zogen bettelnd von Haus zu Haus. Francke begann zunächst nach dem

Pietismus

Nach der Reformation und vor dem Durchbruch der Aufklärung gilt der Pietismus als eine der wichtigsten geistesgeschichtlichen Strömungen in Deutschland. Der Pietismus trat vielfältig und europaweit in Erscheinung. Inhalt der Reformbewegung war die Erneuerung religiöser und gesellschaftlicher Aspekte und die Vollendung der Reformation. Individualisierung und Verinnerlichung des religiösen Lebens spielten dabei eine ebenso große Rolle wie die Verbesserung der Welt im christlichen Sinne durch eine praktisch tätige Frömmigkeit. Der Theologe Philipp Jakob Spener (1635–1705) veröffentlichte 1675 die Programmschrift des lutherischen Pietismus unter dem Titel „Pia Desideria". Diese Publikation führte zu einer raschen Verbreitung der pietistischen Ideen in Deutschland. Die etablierte Kirche im Verbund mit der weltlichen Obrigkeit versuchte, die pietistische Reformbewegung zu behindern. Denn indem der Pietismus dem einzelnen Menschen eine Eigenverantwortung gab und die bis dahin bestehenden kirchlichen Machtverhältnisse kritisch betrachtete, schwächte er die Möglichkeiten herrschaftlicher Einflussnahme.

sonntäglichen Gottesdienst damit, Kinder und Erwachsene in den Grundfragen des christlichen Glaubens zu unterweisen. Außerdem finanzierte er aus der Kollekte die Schulgelder für einige besonders arme Familien.

Wenige Jahre später kam Francke dann zu dem Entschluss, eine eigene Lehranstalt mit Waisenhaus und Armenbildung aufzubauen. Francke war ein durchaus wirtschaftlich denkender Mensch. Um seine Armenschule

Herkules am sogenannten Riesenhaus.

zu finanzieren, eröffnete er gleichzeitig das Pädagogium, eine Erziehungs- und Bildungsanstalt für Kinder aus dem Adel und dem reichen Bürgertum sowie erwerbende Anstalten. Dies waren beispielsweise eine Apotheke, eine Druckerei und ein Buchvertrieb. Die Nachfrage war groß, sodass daraus bald eine ganze Schulstadt wurde. August Hermann Francke starb 1727 in Halle. Sein Grab kann nach aufwendiger Restaurierung auf dem Stadtgottesacker (Bogen 80/81) besichtigt werden.

Sie verlassen nun hinter dem Denkmal das Stiftungsgelände, folgen links dem Weg hinab und durchlaufen dabei einen kleinen Fußgängertunnel. An der Ampel überqueren Sie den Waisenhausring und biegen links in die Kleine Brauhausstraße ein. Dieser folgen Sie nur wenige Meter, bevor Sie dann wiederum links in die Große Brauhausstraße einschwenken. Von hier aus sind es nur ein paar Schritte, bevor Sie den Platz Großer Berlin erreichen und das Denkmal der ehemaligen Jüdischen Synagoge entdecken (siehe Rundgang 1). Nur wenige Meter weiter sehen Sie auf der linken Seite ein weiteres imposantes Gebäude: das sogenannte **Riesenhaus (3)**, das skandalös bereits seit vielen Jahren mit einem Baugerüst umgeben ist und ein trauriges Schandbild abgibt.

Friedrich Madeweis (1648–1705) errichtete das Haus 1697. Er war Gelehrter und Freimaurer, hatte Recht, Philosophie und Medizin in Jena studiert. Nach seinem Studium verschlug es ihn nach Halle. 1681 ernannte ihn Kurfürst Friedrich Wilhelm von Brandenburg zum ersten Postmeister. Wegen der Lage der Stadt an der Grenze zu Kursachsen und weit entfernt vom Kernland um Berlin und Potsdam machte er es sich zur Aufgabe, das hiesige Postsystem zu modernisieren und zu reformieren. Im Jahr 1697 ließ Madeweis nach dem großen Brand vom 17. September 1683, der das hallesche Gebiet Großer und Kleiner Berlin verwüstet hatte, auf dem Grundstück „Stadtmauer 434“ (heute Große Brauhausstraße 16)

Friedrich Madeweis (1648–1705).

das von den Hallensern im Volksmund „Riesenhaus“ genannte Gebäude errichten.

Der Name des Hauses leitet sich von der besonderen Abstützung des Balkons ab. Die überlebensgroßen Figuren der Riesen *Atlas* und *Herkules* tragen den Balkon über dem Portal. Der imposante Bau kostete Friedrich Madeweis 41.000 Taler. Eine beachtliche Summe für damalige Verhältnisse, wenn man bedenkt, dass das jährliche Einkommen einer bürgerlichen Familie im Jahr 1650 weniger als ein Zehntel dieser Summe betrug. Der Text über dem Portal ist in griechischer Schrift verfasst, was eine Besonderheit darstellt, da man für Portalinschriften eher die gängigere lateinische Sprache verwendete. Übersetzt lautet der Text: „Wir werden getragen durch Gewicht, Maß und Zahl vom obersten Beweger.“ Im Frühjahr 1702 nahm im Riesenhaus das Athenäum-Salomoneum den Lehrbetrieb als Akademie auf und ergänzte die an der Universität noch fehlenden praktischen Wissenschaften. Das mittlerweile

Die Meckelschen Sammlungen

Bereits Johann Friedrich Meckel d. Ä. (1724–1774), Stammvater der Meckelschen Anatomen-Dynastie, stellte anatomische Präparate her, die seinerzeit Injektions-, Korrosions- und Nervenpräparate beinhalteten. Er begründete somit die Sammlungen, die sein Sohn Philipp Friedrich Theodor Meckel und sein Enkel Johann Friedrich Meckel d. J. (1781–1833) weiter komplettierten. Zu Beginn des 19. Jahrhunderts zählte das wissenschaftliche Material etwa 3.500 anatomische Präparate und erreichte in der Blütezeit durch den ausdauernden Fleiß des jüngeren Meckels den gewaltigen Umfang von 12.000 Exponaten. Viele Tausende Sammlungsstücke konnten erhalten bleiben und sind heute im Institut der Anatomie und Zellbiologie nahe dem Steintor in der Großen Steinstraße 52 zu sehen. Die Präparate haben einen unschätzbaren Wert, aus allen Teilen der Welt reisen Wissenschaftler an, um weitere Studien anhand der Sammlungsstücke betreiben zu können. Eine Kuriosität der Meckelschen Sammelleidenschaft stellt Philipp Meckels letzter Wille dar, den er schriftlich in seinem Testament hinterließ: „Mein Knochengerippe soll künstlich zusammengesetzt werden und einen eigenen Schrank zur Aufbewahrung erhalten.“ Er setzte damit ein wichtiges Zeichen gegen damalige Vorurteile und Aberglauben. Die sterblichen Überreste seines Körpers sind auf dem halleschen Stadtgottesacker bestattet worden. Das berühmte Meckelskelett ist heute in den Sammlungen zu bewundern. Es weist darüber hinaus noch eine weitere Besonderheit auf, denn Meckel hatte ein zusätzliches 13. Rippenpaar.

Königlich-Preußische Postamt mit seiner Halleschen Poststation verlegte Madeweis im Jahr 1699 von der Galgstraße 2 in das an das Riesenhaus angrenzende Gebäude. Dort blieb das Postamt bis zum August 1705.

1799 kaufte Philipp Friedrich Theodor Meckel (1755–1803) das „Riesenhaus“ und brachte dort im Hinterhaus einen Teil der Meckelschen Sammlung unter.

Sie begeben sich nun weiter in die geschichtlich bedeutende **Große Märkerstraße (4).** Sie gehörte einst zu den repräsentativsten Straßen der historischen Altstadt. Die wechselvolle Geschichte der unterschiedlichen Epochen der Stadtgeschichte widerspiegelt sich auf imposante Weise in den Gebäuden der Straße. Sie war Heimstätte mittelalterlicher Patriziergeschlechter sowie Wohn- und Arbeitssitz von Gelehrten der Universität. Deshalb wird sie heute noch als die Gelehrtenstraße der halleschen Universität bezeichnet. Der Name der Straße geht auf das in Halle ansässige ritterliche Geschlecht Merklin zurück. 1315 erstmalig in den Schöffenbüchern als *Merkelinstrate* erwähnt, wurde daraus im Laufe der Jahrhunderte die Märkerstraße. Im Folgenden werfen Sie nun einen Blick in einige der wichtigsten Häuser der Straße, die Wohnsitze bedeutender und zum Teil schon vergessener Gelehrter und Bürger waren.

Sie folgen weiter dem Straßenverlauf. Erwähnenswert ist das Haus Nr. 13, das heute der jüdischen Gemeinde gehört. Sie erwarb das Gebäude 1918, musste es jedoch 1933 zwangsverkaufen. Damit entging es dem Schicksal des Niederbrennens in der Pogromnacht, wie es am 9./10. November 1938 der jüdischen Synagoge beschieden war (Rundgang 1). 1949 bekam die Gemeinde das Grundstück zurück. Auf dem Gehweg erinnern heute einige der auch in vielen anderen Städten bekannten Stolpersteine an das Schicksal hallescher jüdischer Familien.

Das Eingangsportal zum Christian-Wolff-Haus.

Das heutige Stadtmuseum mit seinem Renaissance-Giebel.

Sie folgen weiter der Straße bis zum Platz Kleiner Berlin. Ursprünglich begann hier die Große Märkerstraße, aber der bereits erwähnte verheerende Brand von 1683 zerstörte viele Häuser, sodass danach der Durchbruch zum Großen Berlin vollzogen werden konnte. Heute ist der Platz Kleiner Berlin ein beliebter Treffpunkt, um in der anliegenden Sternstraße mit Genuss zu verweilen. Die zahlreichen Restaurants gehören zu den beliebtesten besten Adressen der Stadt.

Unweit davon befindet sich eines der wohl bekanntesten Gebäude der Straße (Nr. 10) und der Stadt, das repräsentative **Christian-Wolff-Haus (5).** Der zweigeschossige Putzbau mit hohen Dreiecks- und Schweifgiebeln aus der Zeit der Renaissance beherbergt heute das Stadtmuseum, das Ende 2012 mit der Sanierung der ehemaligen Druckerei im Hinterhaus erheblich erweitert wurde.

Christian Wolff (1679–1754) war an der halleschen Universität als Professor tätig. Er war ein bedeutender deutscher Mathematiker und Jurist sowie einer der wichtigsten Philosophen der Aufklärung. Aufgrund wissenschaftlicher

Stadtmuseum Halle | Christian-Wolff-Haus

Große Märkerstraße 10
Tel.: 0345 2213030
www.stadtmuseumhalle.de
Öffnungszeiten: dienstags bis sonntags, 10–17 Uhr

Dispute musste er Halle 1723 innerhalb von zwei Tagen verlassen. Man beschuldigte ihn in der tiefpietistischen Stadt des Atheismus. Er ging nach Hessen und setzte seine universitäre Laufbahn fort. Letztlich kehrte er als Professor der Philosophie und der Mathematik nach Halle zurück und erwarb 1741 das Haus für 3.400 Taler. Besonders sehenswert ist das Wolff-Zimmer, das einen prächtigen Kamin des vormaligen Hausbesitzers enthält. Wolff verstarb in der Saalestadt, dennoch ist bis heute der Verbleib seines Leichnams nicht geklärt. Ein weiterer nicht ganz unbedeutender Besitzer des Hauses war Johann Justinius Gebauer (1710–1772), der mit dem Buch- und Druckhaus Gebauer & Schwetschke die zeitweise größte (Buch-)Druckerei Halles besaß. Sie hatte von 1764 bis 1945 ihren Sitz in diesem Gebäude.

Gehen Sie weiter die Straße entlang und entdecken Sie an der Einbiegung zur Kuhgasse ein weiteres repräsentatives Gebäude. Dieses Eckhaus beherbergte früher das nur noch den älteren Hallensern bekannte Gasthaus „Franziskanerhalle“. Symbol des Lokals war ein wohlbeleibter Franziskanermönch in Kutte, der einen Bierkrug zum Munde führt. Ein Putzrelief an der Hausecke erinnert noch heute an die Bezeichnung der traditionsreichen Gaststätte, die bis in die 1950er-Jahre bewirtschaftet wurde.

Der Baustil der Renaissance prägt im Wesentlichen den heutigen Straßenzug zwischen dem Platz Kleiner Berlin und dem Marktplatz, und zwar durch ein einzigartiges Ensemble bewundernswerter Patrizierhäuser. Ein besonders schönes Beispiel, ein Sitznischenportal aus dem 16. Jahrhundert, finden Sie gleich am Haus Nr. 7.

Nur wenige Schritte weiter kommen Sie gegenüber an die Hausnummer Große Märkerstraße 21/22, zum sogenannten **Schleiermacherhaus (6).** Es ist das größte erhaltene Wohnhaus in dieser Straße und gehört zu den ältesten Häusern der Saalestadt überhaupt. Es ist eine Ikone der Renaissance-Architektur in Halle. Im Innenhof ist das für die Zeit typische turmartige Treppenhaus, der sogenannte Wendelstein, erhalten. Die große Tordurchfahrt wird durch beeindruckende Ornamente geschmückt. Seit 1637 war das Haus im Besitz des fürstlich-sächsischen Geheimrates Curt von Einsiedel, der im Dienst des Administrators des ehemaligen Erzbistums Magdeburg, Herzog August von Sachsen-Weißenfels, stand. 1690 erwarb Jean Michel Millié (genannt La Fleur) das Grundstück von Abraham von Einsiedel. Der aus Grenoble geflohene Hugenotte, der 1679 das hallesche Bürgerrecht erwarb, richtete hier eine sogenannte Ritterakademie ein. Sie ist als unmittelbarer Vorläufer der 1694 gegründeten Universität anzusehen. Aufgabe jener Akademie war die Vermittlung höfischer Bildungs- und Sprachkenntnisse sowie die Unterweisung in den ritterlichen Künsten wie Reiten und Fechten. An der Akademie wurden die Söhne des Adels, höherer Beamter und des vermögenden Bürgerstandes unterrichtet, um sie für spätere Dienste als Beamte, Offiziere oder Diplomaten zu befähigen. Im Zusammenhang mit der Gründung der Universität wurde die Ritterakademie als selbstständige Einrichtung 1693 offiziell aufgelöst und ging in der neuen Hochschule auf. Als akademischer Lehrer für Philosophie und Recht kam 1690 Christian Thomasius und als Professor für orientalische Sprachen 1692 August Hermann Francke.

Auf die Dauer konnte jedoch La Fleur das große Anwesen nicht halten und veräußerte deshalb 1718 den zum Markt hin gelegenen Teil (heute Nr. 22) für 2.160 Taler an Johann Gottfried Burchardt. Die südliche Hälfte verkauften La Fleurs Erben 1742 für 825 Taler an Christoph Kersten, von dessen Frau Dorothea es schließlich der Juraprofessor Johann Friedrich Joachim erwarb. Die beiden Gebäudeteile wurden auch in der Folgezeit von Universi-

Der Wendelstein des Schleiermacherhauses.

Das Sitznischenportal am Haus Nr. 7 aus dem 16. Jahrhundert.

tätsprofessoren bewohnt, woraus die Bezeichnung „Professorenhaus" resultiert.

Nachdem 1734 das Haus Nr. 22 in den Besitz des Theologen Siegmund Jakob Baumgarten gelangt war, avancierte es zu einer weithin bekannten Stätte der wissenschaftlichen Lehre und Forschung. Von der Familie Baumgarten kaufte der Herausgeber des „Halleschen Kuriers", Magister Friedrich Wilhelm von Colbatzky, das Haus und richtete dort eine eigene Druckerei ein. Im Haus Nr. 21 wohnte von 1804 bis 1807 der berühmte Theologe Friedrich Daniel Ernst Schleiermacher (1768–1834). Wahrscheinlich wäre der evangelische Theologe auch länger an der Universität geblieben, jedoch fiel seine Studien- und Lehrtätigkeit in die Zeit der Napoleonischen Kriege. Nach der französischen Besetzung Halles im Jahr 1806 schloss Napoleon in einer seiner ersten Amtshandlungen die Universität. Anfangs befand Schleiermacher sich noch in dem Glauben, die Universität werde recht bald wieder geöffnet, doch dies geschah erst im Dezember 1807. Einige Monate zuvor folgte er daher dem Ruf nach Berlin und starb dort 1834. An Schleiermachers Wirken erinnert heute eine seit 1934 angebrachte Gedenktafel von Gustav Weidanz, die 1947 erneuert wurde.

In allen „Professorenhäusern" waren Vorlesungen im privaten Ambiente keine Seltenheit. Der Anatom Philipp Adolf von Boehmer (1716–1789) führte in seinem damaligen Haus in der Großen Märkerstraße 5 anatomische Übungen durch. Vielfach praktizierten die Professoren auch in ihren Wohnhäusern, wie etwa der beliebte Arzt Dr. Wilhelm Hermann

Das neu sanierte „Professorenhaus“ Große Märkerstraße Nr. 5

Niemeyer (1788–1840). Er war der spätere Direktor des Entbindungsinstitutes der Universität. Nach dem Tode Niemeyers erwarb der Kaufmann Ludwig Flöthe das Gebäude und vermietete es an Gelehrte der Universität. So lebten u. a. Richard von Volkmann (1830–1889) und Hermann Knobloch (1820–1895) in diesem Haus. Das Haus erstrahlt nach fast 30 Jahren tristen Anblickes endlich wieder im alten Glanz. Innen ist das Haus noch sehr reichhaltig, zum Teil mit Kaminen ausgestattet, im ersten Stockwerk befinden sich Holztäfelungen, Ledertapeten und eine kunstvolle Parkettierung.

Weitere berühmte Persönlichkeiten der halleschen Universität

Georg Ernst Stahl (1659–1734): Mediziner, Chemiker und Begründer des Botanischen Gartens • **Friedrich Hoffmann** (1660–1742): Gründer der medizinischen Fakultät und Erfinder der Hoffmannstropfen • **Anton Wilhelm Amo** (1703–1753): erster Philosoph afrikanischer Herkunft in Deutschland • **Dorothea Erxleben** (1715–1762): erste promovierte Ärztin Deutschlands • **Johann Reinhold Forster** (1729–1798): Theologe, Naturforscher und Weltumsegler bei James Cook • **August Hermann Niemeyer** (1754–1828): Theologe und Mitdirektor des Waisenhauses von Francke • **Johann Christian Reil** (1759–1813): bedeutender Mediziner und Mitbegründer der Berliner Charité, Begründer eines bürgerlich-öffentlichen Theaters • **Friedrich Ludwig Jahn** (1778–1852): Turnvater und Demokrat • **Freiherr Joseph von Eichendorff** (1788–1857): Student, bedeutender Dichter der Hochromantik; hinterließ den wohl schönsten Vers über Halle „Da steht eine Burg überm Tale“ • **Julius Kühn** (1825–1910): bedeutender Agrarwissenschaftler • **Richard von Volkmann-Leander** (1830–1889): bedeutender Chirurg und Dichter • **Georg Cantor** (1845–1918): Mathematiker und Erfinder der Mengenlehre • **Victor Klemperer** (1881–1960): berühmter Literaturwissenschaftler

Am Ende der Großen Märkerstraße eröffnet sich der Blick auf den imposanten halleschen **Marktplatz (7).** An der Ostseite stand einstmals die Ratswaage, die 140 Jahre lang,

Zusammenstoß zwischen Studenten und Stadtwache. Zu sehen sind der Markt zu Halle mit der Ratswaage, die auch als Universitätsgebäude diente, und dem Rathaus. Gouache von 1754 aus dem Studentenstammbuch Heinrich Ludwig Foertschs (1752–1758).

seit der Gründung der Universität 1694 durch den brandenburgischen Kurfürsten Friedrich III. (1657–1713), der Sitz der Friedrichs-Universität von Halle war.

Die Ratswaage wurde von 1571 bis 1581 neben dem Rathaus erbaut und war eines der bedeutendsten Renaissance-Gebäude der Stadt. Heute steht auf dem Grundstück das Kaufhof-Warenhaus. Am ehemaligen Standort des alten Rathauses erinnert seit 2008 ein Bronzerelief im Boden des Marktplatzes auch an die Ratswaage. Das Waage-Gebäude diente neben seiner eigentlichen Funktion als Marktamt auch als Versammlungs- und Hochzeitshaus der halleschen Bürgerschaft.

Im Großen Saal des Waage-Gebäudes hielt der Rechtsgelehrte und spätere Mitbegründer der Universität Christian Thomasius (1655–1728) 1690 sein erstes öffentliches wissenschaftliches Streitgespräch ab. Das Gebäude wurde für die Lehrzwecke einer Universität, Senatssitzungen, für das Rektorat, akademische Festlichkeiten (Aula) und die universitären Sammlungen entsprechend umgebaut. Das Erdgeschoss behielt weiterhin die Funktion einer Ratswaage.

Die feierliche Einweihung der neuen Friedrichs-Universität fand im Juli 1694 in Anwesenheit ihres Namenspatrons, des Kurfürsten Friedrich III. von Brandenburg, des späteren Königs in Preußen und Vaters des „Soldatenkönigs", statt. Nach der Einnahme von Halle durch napoleonische Truppen im Oktober 1806 wurde das Waage-Gebäude Lazarett und Tage später verfügte Napoleon die Schließung der Friedrichs-Universität Halle. Danach wurde der Bau auch zeitweise als Schlachthof genutzt. Nach den napoleonischen Kriegen

Skandalöse Verhältnisse an der halleschen Universität

Der bekannte Stadthistoriker Schultze-Galléra beschrieb ausführlich das Studenten- und Professorenleben an der halleschen Universität, das kein gutes Ansehen während des 18. Jahrhunderts genoss. Zwar würde es in Jena noch rüder und toller zugehen als in Halle, „aber auch unsere Studenten zeigten eine Verwilderung der Sitten, wie Zechen, Spielen, Duellieren, auch grobe sexuelle Exzesse, Laster, die teilweise gegen Mitte und Ende des Jahrhunderts eher noch zunehmen als abnehmen. Im gemeinen und gemeinsten Liebesleben leistete der hallische ‚Bursche' von jeher Außerordentliches. Satirische Darstellungen verspotten den Academicus Hallensis als poligamus, formarum spectator, vielbeweibt und Kenner der weiblichen Reize', ebenso als salax et Veneri et salibus mens data tota, ‚lüstern, mit ganzem Sinn der Liebe ergeben und dem pikanten Scherz'. Von der Gründung der Universität an spielt bei den hallischen Studenten die geschlechtliche Liederlichkeit eine Hauptrolle, bis sie in den letzten Jahrzehnten des 18. Jahrhunderts einen schrecklichen Höhepunkt in venerischen Krankheiten und üppigem Wuchern des Dirnentums nach einstimmigem Urteil der Zeitgenossen erreicht. (…)"

Zwölf Szenen aus dem Studentenleben in Halle, Gouache aus dem Stammbuch von Paul Serres, 1748–1749.

Die große Freitreppe des Universitätsplatzes. Im Hintergrund Melanchthonianum und Thomasianum.

diente er wieder der Universität, die 1834 mit dem Abschluss des Neubaus auf dem heutigen Universitätsplatz auszog. Kurz darauf verlor das Gebäude wesentliche Teile seiner Inneneinrichtung. Auch die äußere Gestalt des schönen Renaissance-Baus wurde zeitgemäßen Architekturvorstellungen angepasst, nur das eindrucksvolle Renaissance-Portal blieb erhalten. 1913 brach ein verheerender Brand aus, in der zweiten Hälfte der 1930er-Jahre wurde der Bau wiederholt generalsaniert. Bei einem alliierten Luftangriff auf die hallesche Innenstadt wurde er von einer Sprengbombe getroffen und dadurch teilzerstört. 1948 folgte der Abriss des Gebäudeensembles zusammen mit dem benachbarten historischen Rathaus, nachdem es noch einen „Rathausneubau-Wettbewerb" unter Einbeziehung der Ratswaage gegeben hatte. Bei der Beseitigung des Gebäudeensembles wurde auch ein kräftiger, anderthalbstöckiger mittelalterlicher Turmrest abgetragen.

Sie überqueren nun den Marktplatz und biegen an der Löwen-Apotheke, die sich zwischen zwei Kaufhof-Eingängen befindet, in die Brüderstraße ein. Dieser folgen Sie wenige Meter, bevor Sie links der Gasse Neunhäuser folgen. Jetzt überqueren Sie die Große Steinstraße, direkt gegenüber finden Sie den Beginn der Barfüßerstraße, der sie bis zum Ende folgen. Sie entdecken dann auf der gegenüberliegenden Seite das heutige Puppentheater der Kulturinsel und gelangen in nur wenigen Schritten auf den neu gestalteten **Universitätsplatz (8).** Dieser befindet sich am nördlichen Rand der halleschen Altstadt und kann eine über 800-jährige Besiedlungsgeschichte vorweisen. An seiner Stelle befand sich das 1224 gegründete Barfüßerkloster, das im Jahr 1350 von der großen halleschen Pestwelle heimgesucht wurde, die nur drei der Brüder überlebten. 1478 war es Angelpunkt von Streitigkeiten zwischen den Pfännern der Stadt und den Innungshandwerkern, die eine Beteiligung an den Ratsgeschäften forderten. Durch die Wirren der Reformation, die auch in Halle ihre Spuren hinterließen, ging das Kloster dann schließlich unter. 1564 mussten die letzten fünf Mönche die Stadt verlassen. Ein Schicksal, dass das Kloster mit vielen anderen Klöstern der Region Mitteldeutschland teilt. Dennoch begann so die Bildungs-

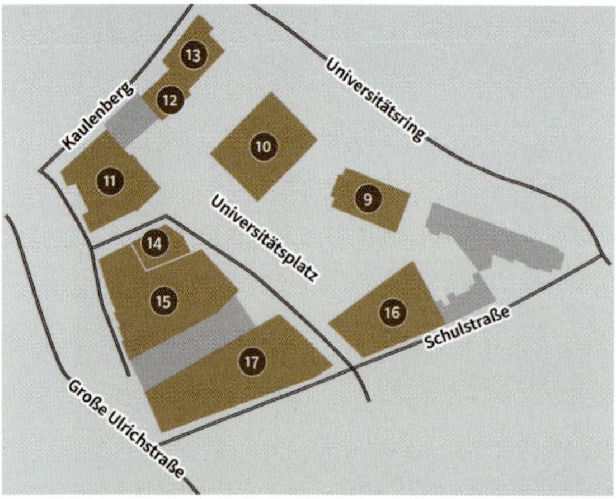

Lageplan der Universitätsgebäude.

förderung in dem ehemaligen Kloster. Die Magdeburger Landesherren ordneten die Einrichtung einer höheren Bildungsstätte in den Räumlichkeiten an. So entstand an dieser Stelle 1565 zunächst das lutherische Stadtgymnasium. Dies bestand knapp 250 Jahre lang, bevor 1808 der Entschluss gefasst wurde, dass Gymnasium hier aufzulösen und mit der Latina zu vereinigen. Der Mediziner, Professor und Stadtphysikus Johann Christian Reil errichtete an dieser Stelle ein Theater, in dem auch das Weimarer Hoftheater unter der Leitung Goethes gastierte. Nach einer 17-jährigen Spielzeit wurde das letzte Stück Ende des Jahres 1827 dargeboten. Die Universität hat dann das Gelände für 9.500 Taler erstanden, da die ursprünglichen Räume in der Ratswaage am Marktplatz nicht mehr ausreichten.

Die heutige Universität Halle-Wittenberg ist nicht nur die älteste und größte in Sachsen-Anhalt, sondern zählt auch zu den frühen Universitätsgründungen in Deutschland.

Entstanden ist sie aus zwei Universitäten: Schon 1502 wurde in Wittenberg die Leucorea gegründet, an der auch Martin Luther und Philipp Melanchthon lehrten und die ein geistiges Zentrum der Reformation wurde. Die Universität in Halle wurde 1694 gegründet. Christian Thomasius, August Hermann Francke und der Philosoph Christian Wolff prägten diese in den Folgejahren maßgeblich und sie galt als Ausgangspunkt der deutschen Frühaufklärung. Beide Universitäten wurden am 21. Juni 1817 in Halle zur Vereinigten Friedrichs-Universität Halle-Wittenberg zusammengelegt. Die alma mater halensis gehörte schon seit Langem zu den begehrtesten Universitäten Deutschlands. Mit der politischen Wende begann ein umfassender Sanierungs- und Erneuerungsprozess.

Den beiden Architekten Gernot Schulz und Annette Hillebrandt ist es insbesondere beim Umbau des Platzes gelungen, den Studenten mit einer 70 Meter langen Freitreppe einen beliebten Platz zum Verweilen zu schaffen. Architektonisch verschmelzen dabei in alle Richtungen wirkungsvoll die historischen und modernen Universitätsgebäude. Erwähnenswert ist auch der übergroße Steinkopf des Dichters Heinrich Heine, den der hallesche Bildhauer Jens Bergner im Jahr 2002 schuf. Er steht am Ort der Bücherverbrennung der Nationalsozialisten im Jahr 1933. Zweifellos besitzt Halle insgesamt nach allen Bau- und Umgestaltungsmaßnahmen einen der schönsten Universitätsplätze Deutschlands.

Beginnen Sie nun einen kleinen Rundgang über den Universitätsplatz am **Robertinum (9)**, dem leicht erhöhten Gebäude rechter Hand des Löwengebäudes. Es wurde von Carl Hagemann im Stil des Neoklassizismus entworfen und soll an ein Gebäude der griechisch-römischen Antike erinnern. Auf dem Giebelfeld über dem Hauptportal ist die Göttin Athena zu sehen, die als Hüterin der Künste und der Wissenschaften gilt.

Im Gebäude ist die Deckengestaltung an die Wandmalereien der antiken Stadt Pompeji angelehnt. Die Böden sind mit Mosaikeinlagen verziert. Im Inneren sind diverse Gipsabgüsse antiker Plastiken zu sehen. Die historische Sammlung, die Ludwig Roß (siehe Rundgang 5) 1845 ins Leben rief, befand sich

Das Robertinum.

zuvor in der Universitätsbibliothek am heutigen Friedemann-Bach-Platz. Außerdem befindet sich die Bibliothek nahezu im Originalzustand.

Im Zentrum des Universitätsplatzes sehen Sie das historische **Löwengebäude (10).**

Das erste auf dem Platz errichtete Bauwerk ist das Hauptgebäude der Martin-Luther-Universität Halle-Wittenberg. Die Inschrift FRIEDERICUS. GUILELMUS. III. REX. UNIVERSITATI. LITTERARIAE. FRIEDERICIANAE. A. MDCCCXXXIV am Gebäude erinnert noch heute an den ursprünglichen Namen der Universität. Das Hauptgebäude der damaligen Friedrichs-Universität wurde am Reformationstag 1834 eingeweiht. Sehenswert ist die 1872 fertiggestellte historische Aula im pompejianischen Stil. Zu sehen sind hier Szenen aus „Ilias" und „Odyssee", die an die Fresken der 79 n. Chr. durch einen Vulkanausbruch zerstörten Stadt Pompeji erinnern sollen. Auch der Aufgang des Bauwerks ist ein Blickfang, da sich in seiner Mitte die von Friedrich Schaper geschaffene Büste von Christian Thomasius befindet. Ebenso sind Büsten von Martin Luther und Philipp Melanchthon zu besichtigen, die Gerhard Marcks anfertigte. Neben den historischen Hörsälen und der Aula befinden sich im Hauptgebäude der Universität die Zentrale Kustodie und das Universitätsmuseum. Die zwei repräsentativen Löwen, die einst vor einem Brunnen auf dem Marktplatz standen, zieren heute imposant den Eingang des Gebäudes und sind gleichzeitig das Wahrzeichen der Universität. Eine studentische Mär besagt, dass sich kein Student je auf die Löwen setzen sollte, da dies dazu führe, dass der Student sein Examen nicht besteht.

Tritt man aus dem Hauptgebäude der Universität hinaus, blickt man rechts gegenüber auf das **Melanchthonianum (11).** Seine Entstehung verdankt das Gebäude den um 1900 rasant anwachsenden Studentenzahlen, aufgrund derer man sich für einen weiteren Neubau entschied. So wurden neue Auditorien und Seminarräume geschaffen, die sich aber in der Nähe zum Löwengebäude befinden sollten. Schließlich entstand ein Gebäude der Architekten George Thür und Hans Stever. Das Melanchthonianum befindet sich in leichter Hanglage und erinnert mit seinen drei

Das Universitätsgebäude in Halle (1838).

Etagen an einen Kubus mit flachem Dach. Die feierliche Einweihung fand im November 1902 anlässlich des 400-jährigen Bestehens der wittenbergischen Universität und zu Ehren Philipp Melanchthons statt. Bis heute haben sich keine wesentlichen baulichen Veränderungen ergeben. Lediglich von 1995 bis 1997 kam es zu einer Grundsanierung.

Die Löwen – das Wahrzeichen der Universität.

Das anschließende Gebäude direkt an der Nordseite des Platzes ist das heutige Rektoratsgebäude. Es wurde zwischen 1872 und 1874 errichtet und ist seitdem Sitz des Rektors, des Kanzlers und der Zentralen Universitätsverwaltung.

Rechts daneben befindet sich das 1995 grundsanierte **Thomasianum (12).** Es stammt ebenso wie das Melanchthonianum aus dem Entwurf Georg Thürs. Zusammen mit Robert Huber entwarf er das Gebäude 1910. Die bestehenden Fakultäten konnten die weiter wachsende Zahl der Studenten nicht mehr fassen und so entstand ein mit minimalistischen Jugendstilelementen versehenes Bauwerk. Das Thomasianum ist das einzige Gebäude auf dem halleschen Universitätsplatz, das im Zweiten Weltkrieg einen Schaden nahm. Auf dem Dach kam es zum Einschlag einer Fliegerbombe, die das Dach und große Teile des Gebäudeinneren zerstörte.

Mit der Grundsanierung konnten auch das Dach und das historische Treppenhaus wieder restauriert werden. Dies geschah anhand von alten Fotografien und Skizzen. Auch die eisernen Kandelaber am Eingang wurden mit der Sanierung wieder aufgestellt. Bis heute hat das Gebäude seine angestammte Funktion: Gebaut als Rechts- und Staatswissenschaft-

Innenaufnahme des Löwengebäudes (M. Glöckner).

liche Fakultät, ist diese dort immer noch zu finden. Neben dem Thomasianum gelangen Sie weiter bis zur nordöstlichen Ecke des gesamten Universitätsplatzes (heute Universitätsring Nr. 5). Ursprünglich ansässig war hier an der ehemaligen Alten Promenade die Gaststätte **Burse „Zur Tulpe“ (13).** 1919 kaufte die Universität das aus verschiedenen Bauzeiten stammende Gebäude und gestaltete es 1929/30 durch einen Neubau zu einem modernen Studentenhaus um. Sehenswert ist das von Charles Crodel und Gerhard Marcks ausgestattete Musikzimmer. Das Gebäude beherbergt heute Teile der zentralen Universitätsverwaltung, den Senatssaal sowie die Universitätsgaststätte Burse „Zur Tulpe“.

Sie gehen nun wieder zurück bis zur Mitte des Platzes und die neue Freitreppe hinab. Direkt an der Ecke befindet sich am Universitätsplatz 6 das sogenannte **Franz-von-Liszt-Haus (14)**. Liszt war ein bedeutender Strafrechtsreformer und Völkerrechtler und

Christian Thomasius – Kupferstich von Peter Schenk aus dem Jahre 1705 nach einer Zeichnung von Samuel Blättner, Leipzig.

Blick auf das Juridicum und das Franz-von-Liszt-Haus.

ein Vetter des bekannten Komponisten Franz Liszt. Er erhielt 1891 eine Professur in Halle, verblieb aber nur ein Jahr, bevor er an die Berliner Humboldt-Universität wechselte. Das ehemalige Fabrikantenhaus im Stil der Gründerzeit wurde 1876/77 erbaut und beherbergte das Romanistische Seminar, an dem u. a. Karl Vortisch und Viktor Klemperer wirkten. Heute ist das Gebäude an die Juristische-Fakultät mit den Lehrstühlen für Strafrecht und Kriminologie angegliedert.

Innenaufnahme des Juridicums (S. Friese).

Direkt daneben steht der imposante Neubau des **Juridicums (15).** Es beherbergt u. a. die Bibliothek der Juristischen Fakultät und entstand bis 1998. Die Architektur des Gebäudes stammt vom Kölner Architekturbüro Thomas van den Valentyn und Gernot Schulz. Zwar wird der Glaskubus zu einem großen Teil von der Bibliothek eingenommen, doch befinden sich auch eine Cafeteria mit Freiplätzen und Arbeitsräume darin. Die drei granitverkleideten Stelen im Hof wurden 1997 durch Simon Unger errichtet. Heute befinden sich in dem 5.175 Quadratmeter großen Gebäude mehr als 200.000 Bücher, die den Studenten an 280 Nutzerplätzen zur Verfügung stehen.

Das letzte Gebäude an der Südseite des Platzes ist das **Auditorium Maximum (Audimax) (16).** Dieses Hörsaalgebäude ist der jüngste Bau auf dem Gelände des Univer-

Das Audimax.

sitätsplatzes. Ein architektonisches Highlight ist die 350 Quadratmeter große Glasfront, die einen imposanten Blick in das dahinter liegende Foyer freigibt sowie im Inneren und Äußeren interessante und überraschende Symmetrien offenbart. Das Gebäude entstand im Zuge der Planungen zum 500-jährigen Bestehen der Universität. In den Jahren ab 1987 klaffte hier eine Baulücke. Man hatte drei noch aus der Gründerzeit stammende Häuser mit den Nummern 15, 16 und 17 abgerissen. Im Vorfeld der Bebauung kam es zu archäologischen Grabungen, bei denen man einen etwa sechs Meter tiefen Brunnen aus der Zeit um 1200 entdeckte. In seinem Inneren befanden sich mehrere völlig erhaltene Tongefäße. Dies zeigt, dass das Gebiet um die heutige Schulstraße und den Universitätsplatz bereits in der Zeit zwischen dem 12. und 13. Jahrhundert intensiv besiedelt und genutzt war.

Unser Rundgang schließt am Ende der Straße Universitätsplatz/Ecke Schulstraße mit dem **Theaterkomplex der halleschen Kulturinsel (17)** ab. Der ehemalige Intendant Peter Sodann (*1936), bekannt auch als Tatort-Kommissar Bruno Ehrlicher, erschuf seit 1980 seine eigene Vision einer „Kulturinsel", die in Deutschland ihresgleichen sucht.

Aus dem ehemaligen „Kino der Deutsch-Sowjetischen Freundschaft" in der Großen Ulrichstraße und dem angrenzenden Gebäudekomplex entwickelte sich eine deutschlandweit einmalige Kulturlandschaft. Mit ihren mittlerweile acht Gebäuden ist sie Heimstätte des „neuen theaters" mit seinem Hoftheater, des Puppentheaters, eines Casinos, des beliebten Lokals „Strieses Biertunnel" und des Cafés „nt".

Theater und Kulturinsel Halle

neues theater
Große Ulrichstraße 51
Theater- und Konzertkasse
Tel.: 0345 5110777
www.buehnen-halle.de/de/neues-theater

4. RUNDGANG

„SAH ICH NIMMER DIE WELT SO SCHÖN“

Von Trotha bis zum Giebichenstein

Neben den Sehenswürdigkeiten in der Innenstadt ist die Saalelandschaft zweifellos ein weiteres Highlight unserer oft verkannten Stadt. Entlang des Flusses spazieren Sie durch idyllische und unberührte Naturgebiete, entdecken alte Treidelpfade und die Schönheit des Saaletals. Verweilen Sie mit Dichtern an Plätzen der Romantik, die das Herz jedes Einheimischen und Besuchers höherschlagen lassen. Genießen Sie von der Eichendorff-Bank die Ansicht des eindrucksvollen Giebichensteins aus dem Blickwinkel des Romantikers!

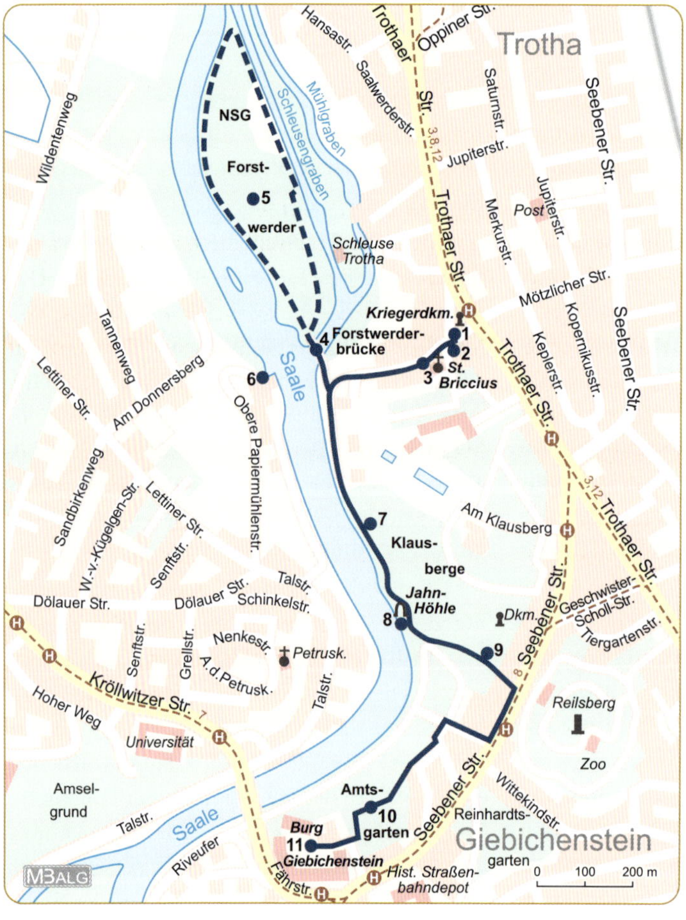

2 bis 2,5 Stunden

Trothaer Kriegerdenkmal

Trothaer Kriegerdenkmal (1)
Heine-Tafel (2)
Kirche St. Briccius (3)
Forstwerderbrücke (4)
Rundweg Forstwerder (5)
Kröllwitzer Papiermühle (6)
Klausberge (7)
Jahn-Höhle (8)
Eichendorff-Bank (9)
Amtsgarten (10)
Burg Giebichenstein (11)

Blick auf den Denkmalsplatz mit dem Kriegerdenkmal in der Trothaer Straße in Richtung Norden, ca. 1915 (G. Riehm).

Wißt ihr wohl, wo Halle liegt?
Halle liegt im Tale.
Da gibt's schöne Jungfern drin
Und Nixen in der Saale.
(bekannter Hallescher Studentenspruch)

Auch der Rundgang Nr. 4 gewährt wieder interessante Einblicke in die ältere und jüngere Geschichte der Stadt Halle und lädt gleichzeitig zu deren romantischsten und landschaftlich schönsten Orten ein. Die Route führt meist über unbefestigte Wege und zahlreiche Treppenstufen, sodass gutes Schuhwerk und ein fester Tritt empfehlenswert sind.

Der Rundgang beginnt in der Pfarrstraße in Trotha, ein im Norden gelegener Ortsteil von Halle. Der Ausgangspunkt des Rundganges ist bequem mit den Straßenbahnlinien 3, 8 und 12 zu erreichen (Haltestelle Pfarrstraße).

Es lohnt sich zunächst einmal, in die interessante Geschichte des Ortes Trotha zu blicken, die natürlich in engem Zusammenhang mit der halleschen Stadtgeschichte steht. Bereits im 6. Jahrhundert soll hier eine slawische Feste gestanden haben. Im Jahr 952 ist die als „Tarata" bezeichnete Gemarkung, die kurze Zeit dem Erzbistum Magdeburg zugesprochen wurde, erstmals urkundlich erwähnt. Der Erzbischof ließ anstelle der alten slawischen Feste hier eine Burg errichten. Das Dorf lag strategisch günstig an der Straße von Magdeburg zur erzbischöflichen Residenz auf der Burg Giebichenstein und bot zudem eine gute Gelegenheit, um Zölle einzutreiben. Der Magdeburger Erzbischof Rüdiger schenkte große Teile der Besitzungen einschließlich einer Mühle und eines Steinbruches 1121 dem neu gegründeten Kloster Neuwerk.

Die Trothaer Ritter – als Untertanen des Magdeburger Erzbischofes – gerieten zunehmend in Konflikt mit der im 15. Jahrhundert immer weiter aufstrebenden Stadt Halle. 1426 schließlich kam es zur Eskalation, in deren Verlauf das Dorf fast völlig zerstört wurde. Es erholte sich in der Folge nur langsam und hatte im Jahr 1560 gerade einmal 70 Einwohner. 1685 errichtete Postmeister Madeweis, der Ihnen aus Rundgang 3 bereits bekannt ist, an der Stelle

Das Trothaer Kriegerdenkmal heute.

Das Adelsgeschlecht von Trotha

Das alte sächsische Adelsgeschlecht der Familie von Trotha hat seinen Ursprung in Trotha. Der Magdeburger Erzbischof belieh seine Trothaer Burg an den Sohn eines Getreuen aus dem heutigen Röblingen. Nach damaligem Brauch nannten sich die Edelleute fortan nach ihrem Stammsitz. Die heutige Familie kann sich in ihrer Stammfolge bis 1371 zu einem Wolf von Trotha zurückverfolgen. 1458 verließen die Herren von Trotha den Ort. Aus der Dynastie gingen bekannte Persönlichkeiten hervor wie der Merseburger Bischof Thilo von Trotha (1443–1514), auf den die Sage vom Merseburger Raben bezogen wird, und der sagenumwobene Ritter Hans von Trotha (1450–1503).

der alten Trothaer Burg ein Herrenhaus, das später als der „Trothaer Kaffeegarten“ in die regionale Geschichte einging und noch heute, wenngleich in einem bedauerlichen Zustand, vorhanden ist. Im 19. Jahrhundert begann der wirtschaftliche Aufschwung Trothas. Bis zu seiner Eingemeindung in die Stadt Halle im Jahr 1900 war Trotha zu einer Großgemeinde mit 3.850 Einwohnern herangewachsen.

Der Startpunkt des Rundgangs, der frühere Denkmalsplatz mit seinem heutigen typischen vorstädtischen Erscheinungsbild, scheint auf den ersten Blick wenig Interessantes zu bieten. Bei genauerer Betrachtung entdecken Sie jedoch auch hier historisch Bedeutsames aus der Stadtentwicklung. Hinter dem ehemaligen Tankstellengebäude aus dem Jahr 1925, einem architektonischen Zeugnis der beginnenden Motorisierung im aufstrebenden Halle, befindet sich das **Trothaer Kriegerdenkmal (1).** Es ehrt nicht nur – wie häufig angenommen – Gefallene des deutsch-französischen Krieges 1871, sondern auch des preußisch-österreichischen Krieges 1866. Bis zur Umgestaltung des Platzes in den 1920er-Jahren bildete der Obelisk das Zentrum eines freien, mit Parkanlagen gesäumten Platzes, auf dem sich ursprünglich ein weiteres Kriegerdenkmal befand. Dieses zweite Denkmal wurde jedoch in den 1950er-Jahren aufgrund seiner maroden Bausubstanz abgerissen.

Weniger bekannt dürfte wohl sein, dass sich hier einst das einzige Heinrich-Heine-Denkmal im damaligen Preußen befand. Der hallesche Heinrich-Heine-Bund enthüllte das hauptsächlich aus Spendengeldern finanzierte Denkmal, eine Marmor-Büste Heinrich Heines auf einem etwa drei Meter hohen Natursteinsockel, am 11. August 1912. Da sich die Stadt weigerte, für die Büste einen öffentlichen Platz zur Verfügung zu stellen, wurde sie im Garten des Vergnügungslokals „Trothaer

Schlösschen“, heute eine chinesische Gaststätte, gegenüber dem Kriegerdenkmal aufgestellt. Am Sockel befand sich eine Bronzetafel mit einem Vers Heinrich Heines:

Ich bin ein deutscher Dichter,
Bekannt im deutschen Land.
Nennt man die besten Namen,
So wird auch der meine genannt.

Mit der Machtergreifung der Nationalsozialisten 1933 wurden nicht nur Heines Bücher auf dem Universitätsplatz verbrannt (Rundgang 2), auch sein Denkmal wurde zerstört. Lediglich ein Teil des Sockels blieb erhalten und lagerte bis 1998 im Garten des ehemaligen „Trothaer Schlösschens“. Dem Engagement hallescher Bürger ist es zu verdanken, dass zum 200. Geburtstag Heines 1997 an der Stelle des ehemaligen Heine-Denkmals eine **Heine-Tafel (2)** angebracht werden konnte. Diese Tafel befindet sich heute an der Schmalseite des einstigen Schlösschens, direkt am Eingang zur Pfarrstraße. Dank Initiativen hallescher Künstler wie Wolfgang Winkler und Elke Richter, die u. a. Werke hallescher Maler versteigerten, wurde der finanzielle Grundstock für ein neues Heine-Denkmal in Halle gelegt, das am 1. Juni 2002 auf dem Universitätsplatz aufgestellt wurde (Rundgang 3).

Heine kam auf seiner Harzreise im September 1824 durch Halle und beschrieb die Stadt im folgenden Gedicht:

Zu Halle auf dem Markt,
Da stehn zwei große Löwen.
Ei, du hallischer Löwentrotz,
Wie hat man dich gezähmet!

Zu Halle auf dem Markt,
Da steht ein großer Riese.
Er hat ein Schwert und regt sich nicht,
Er ist vor Schreck versteinert.

Historische Aufnahme vom Heine-Denkmal.

Zu Halle auf dem Markt,
Da steht eine große Kirche.
Die Burschenschaft und die Landsmannschaft,
Die haben dort Platz zum Beten.

Sie gehen nun die Pfarrstraße bis zur **Kirche St. Briccius (3)** hinunter, die sich auf der linken Seite befindet. Die bereits im Jahr 1116 zum ersten Mal urkundlich erwähnte Trothaer Kirche wurde dem heiligen Briccius geweiht, dem Schutzpatron der Waisen und der unehelichen Kinder.

Den ältesten Teil der auf einer Anhöhe stehenden Kirche bilden der romanische, hoch aufragende Westquerturm mit Satteldach sowie die Nord- und Ostwand der ursprünglich aus Bruchsteinen errichteten Kirche. An der Nordseite sind noch heute ein später vermauertes romanisches Fenster sowie das Eingangsportal, das heute mit

Die Kirche St. Briccius zu Trotha.

einem Epitaph verschlossen ist, gut erkennbar. Eine wesentliche Umgestaltung erfuhr die Kirche um 1730. Sie erhielt eine barocke Innenausstattung und ein hölzernes Tonnengewölbe. Nachdem 1896 der Blitz in den Kirchturm einschlug und erheblichen Schaden im Gotteshaus anrichtete, erwog die Trothaer Gemeinde den Abriss der Kirche, zumal aufgrund der zunehmenden Industrialisierung am Ende des 19. Jahrhunderts die Kirche für die anwachsende Trothaer Gemeinde zu klein wurde. Man entschied sich jedoch zur Erweiterung und Modernisierung des Kirchenbaus. Neben dem Einbau einer neuen Orgel und einer Heizungsanlage wurde 1911 die Südwand des Kirchenschiffes herausgenommen und ein sich deutlich von der romanischen Kirche absetzender Anbau errichtet. Um die Kirche St. Briccius ranken sich einige Sagen. So soll sich auf dem Friedhof eine Blutrinne befinden, ein Opferplatz aus der heidnischen Vergangenheit. Diese wurde aber nie bestätigt und geht auf eine Mär des damaligen Pfarrers zurück.

Gehen Sie nun weiter talabwärts die Pfarrstraße entlang und erblicken zum ersten Mal die Saale. Der rechte Weg führt zu einem Kleinod architektonischer Baukunst, der **Forstwerderbrücke (4),** auch Katzenbuckelbrücke genannt. Sie war eine der ersten Stahlbeton-Brückenbauten in Halle und wurde 1928 im Zuge der Eröffnung des Freibades auf der nördlich gelegenen Insel Forstwerder errichtet. Das 1927 eröffnete Flussschwimmbad erfreute sich eines so regen Zuspruches vieler Badegäste, dass in den Sommermonaten der Fährbetrieb an die Grenzen seiner Kapazität stieß. Das Bad befand sich unmittelbar unterhalb des Trothaer Wehres und war deshalb als „Wellenbad" ausgewiesen. Das Freibad wurde bereits 1937 wieder geschlossen, die Brücke steht noch heute. Der ehemalige Strandbereich des Bades ist heute noch zu erahnen.

Die architektonisch aufwendige Form dieser einfachen Fußgängerbrücke verwundert zunächst. Die Brücke überspannt den Mühlgraben, in dessen weiterem Verlauf sich

Farbige Bleiglasfenster mit der Widmung zur Erinnerung an den Stammsitz des Geschlechts derer von Trotha.

Bleiglasfenster der St.-Briccius-Kirche.

die zur damaligen Zeit stark frequentierte Saaleschleuse befand. Die Fußgängerbrücke musste auch bei maximalem Wasserspiegel der Saale eine Durchfahrtshöhe von zwölf Metern gewährleisten. So bot sich eine zum damaligen Zeitpunkt hochmoderne Stahlbetonkonstruktion an. Die Brücke überspannt eine Weite von 47 Metern und besitzt eine Scheitelhöhe von 6,70 Metern. Sie erklimmen nun die 33 Stufen bis zum Scheitel der Brücke. Bei genauer Betrachtung der kleinen Brücke wird deutlich, dass die architektonische Spannung noch dadurch verstärkt wird, dass die Brücke nach oben zu schmaler wird. Achten Sie auch auf die Stufen, deren Trittfläche nach oben zu immer größer wird.

Von der Brücke aus haben Sie einen beeindruckenden Blick auf das Trothaer Wehr, auf die Gebäude der ehemaligen Kröllwitzer Papiermühle auf der gegenüberliegenden Seite und auf die nördlich gelegene Insel Forstwerder.

Es empfiehlt sich unbedingt, zunächst einen Abstecher (1,7 km langer Rundweg) in das **Naturschutzgebiet Forstwerder (5)** zu unternehmen, das von dichtem Auenwald bewachsen ist. Für den Rundweg über die Insel sollte die Abzweigung links nach der Katzenbuckelbrücke, vorbei an den Resten des ehemaligen Flussschwimmbades unterhalb des Wehres genommen werden. Imposant ist der Hartholz-Auenbestand mit bis zu 200 Jahre

Die Katzenbuckelbrücke zum Forstwerder.

alten Eichen und Eschen. Die Insel Forstwerder war einst im Besitz des Trothaer Rittergutes und später des Klosters Neuwerk (siehe Rundgang 5). Im Zuge der Reformation kam sie dann zum Amt Giebichenstein. Bis zur Errichtung der Katzenbuckelbrücke war die Insel nur mit dem Boot erreichbar. Ihre abgeschiedene Lage nutzten Studenten der 1694 gegründeten halleschen Universität u. a. für ihre streng verbotenen Duelle. Die Abgeschiedenheit und ihre romantische Lage brachten der Insel auch den Beinamen Elysium ein. An ihrer Ostseite befindet sich die Trothaer Schleuse. Die Regulierung der Saale durch Schleusen war in dieser Zeit bedeutsam für die gesamte Saale-Unstrut-Schifffahrt. Die erste Schleuse in Trotha wurde bereits 1698 vollendet.

Verweilen Sie noch ein wenig auf der Insel und mit etwas Glück entdecken Sie einige der zahlreich auf der Insel lebenden geschützten Tiere wie Zwergtaucher, Kormorane, Rote Milane, aber auch Ringelnattern, Spitzmäuse

oder Abendsegler. Am Ende des Rundgangs gelangen Sie wieder zur Brücke mit Blick auf die ehemalige **Kröllwitzer Papiermühle (6).** Sie war einst eine der größten Papierfabriken Deutschlands. 1712 wurde am Westufer der Saale am Trothaer Wehr die erste Papiermühle errichtet. Johann Christian Keferstein war ab 1718 Pächter der Mühle und begründete die erfolgreiche Ära der Kefersteins in der Papierfabrikation am Saaleufer. Mitte des 18. Jahrhunderts war die Kröllwitzer Papiermühle dann die größte ihrer Art in Preußen. Einen schweren Schlag mussten die Kefersteins 1799 hinnehmen. Das Saalehochwasser verursachte immense Schäden an der Papierfabrik, zudem wurde diese im Zuge des Aufstandes des Tresckowschen Regiments gegen die napoleonische Herrschaft zerschossen und ausgeplündert. „Die Menge der Leichen soll den Lauf der Räder gehemmt haben", heißt es in der Chronik der Papierfabrik. In der Folge wurde über die kommenden Jahrzehnte eine hochmoderne Fabrik errichtet, nachdem das Zeitalter der Industrialisierung angebrochen war. 1848 arbeiteten fast 200 Männer und Frauen in der Fabrik. Das Gelände um die Papierfabrik muss am Ende des 19. Jahrhunderts ein imposantes Bild abgegeben haben. Eine Drahtseilbahn verband die Fabrik am Westufer der Saale mit dem im Osten gelegenen Hafen. Mit dieser Drahtseilbahn wurden Rohstoffe und Kohle zur Fabrik hin und die Papiererzeugnisse zum Hafen zurücktransportiert. 1927 waren über 700 Angestellte in der Papierfabrik beschäftigt, deren Ende am 30. September 1940 eingeläutet wurde. Nach einer verheerenden Explosion wurde die Fabrik nicht wieder aufgebaut, auch weil der riesige Betrieb hoffnungslos überaltert war und die Beschwerden über die Geruchsbelästigungen durch die Fabrik überhandnahmen. Lange boten die Ruinen der ehemaligen Papierfabrik einen fast pittoresken Anblick vom gegenüberliegenden Saaleufer. Seit 2010 werden nach und nach die ehemaligen Fabrikgebäude zu hochwertigen Wohnhäusern mit Loft-Charakter umgebaut, zunächst das Verwaltungsgebäude und das Lumpenhaus, später dann das Kesselhaus, das Maschinenhaus und die Schlosserei. Der Umbau des ehemaligen Turbinenhauses, direkt am Wehr gelegen, wurde 2019 noch nicht begonnen. Es ist jedoch zu befürchten, dass nach der „Umgestaltung" des Areals mit Loftwohnungen nichts mehr an die ehemalige Papierfabrik als Industriedenkmal erinnert.

Sie gehen nun von der Brücke aus den Weg entlang des Saaleufers. Vor Ihnen liegen die **Klausberge (7),** der wohl romantischste Teil Ihres Rundgangs. Zu ihrer Überquerung bieten sich verschiedene Möglichkeiten. Unmittelbar vor Beginn der Klausberge zweigt ein Weg nach links ab. Der Abzweig führt Sie hinauf über das bis zu 20 Meter über dem Saaleniveau gelegene kleine Porphyrmassiv.

Das „neu" gestaltete Ufer der ehemaligen Kröllwitzer Papierfabrik mit modernen Loftwohnungen.

Entspannen am Saaleufer.

Blick auf die Saale in Richtung Burg Giebichenstein.

Der Weg geradeaus führt entlang des Saaleufers und ist Teil des ehemaligen Treidelpfades, auf dem Lastkähne flussaufwärts gezogen wurden. Noch heute finden Sie nach etwa 100 Metern einige große Eisenringe rechts im Felsen des Saaleufers. Es sind die Festmacher für die damals zahlreichen Lastschiffe und

Eisenringe des alten Treidelpfades.

Holzflöße für die Papierfabrik. Der Weg führt Sie nun viele Treppenstufen hinauf auf den „Halsbrecherfelsen“, mit dem eine überaus tragische Geschichte verbunden ist.

Die in Rochlitz geborene Literatin Luise Brachmann (1777–1822) lernte in Weißenfels Friedrich von Hardenberg alias Novalis (1772–1801) kennen, der sie auch mit dem in Weimar lebenden Schiller bekannt machte. Ihre ungesicherte Existenz, literarische Misserfolge und fehlende künstlerische Anerkennung führten jedoch immer wieder zu depressiven Anfällen. Nach einer unglücklichen Liebesbeziehung sprang sie vom „Halsbrecherfelsen“ in die Saale und verlor so ihr Leben. Ob gar Friedrich Schiller die Ursache ihres Freitodes war?

Die Klausberge erhielten wohl ihren Namen von Einsiedlern, den sogenannten Klausnern, die hier im Mittelalter ein Kloster betrieben. Hier lebten u. a. auch die ersten Serviten von Halle, bevor sie ihr Kloster am

Zeugen eines gewaltigen Vulkanausbruches

Überall im Norden von Halle tritt der rosa-, teilweise auch bordeauxfarbene Hallesche Porphyr zutage. Er ist ein Relikt von Vulkanausbrüchen, die sich vor mehr als 300 Millionen Jahren ereigneten. Zu dieser Zeit herrschte ein warmes, trockenes Klima. In Sumpflandschaften wuchsen Riesenfarne, Schachtelhalme, Bärlappgewächse sowie Koniferen. Unmittelbar westlich der Klausberge (im Bereich der heutigen Wittekindstraße) wurden die zu Steinkohle umgewandelten Reste dieser Karbonwälder in Bergwerken abgebaut.

In Halle lassen sich zwei verschiedene Porphyr-Typen unterscheiden, die aus zwei verschiedenen Ausbrüchen stammen. Die Klausberge bestehen aus dem sogenannten Oberen Halleschen Porphyr, der im Vergleich zum Unteren Halleschen Porphyr (zu finden beispielsweise auf dem Reilsberg, in Reichardts Garten und am Riveufer) wesentlich größere Feldspat- und Quarz-Einsprenglinge aufweist. Betrachten Sie doch einfach auf Ihrem Spaziergang entlang der Saale die anstehenden Felsen und versuchen Sie, die Unterschiede zu entdecken! Für Straßenpflaster, Grabsteine und Fassadenverkleidungen kann übrigens nur der Obere Hallesche Porphyr genutzt werden. Verwendung fand dieses Material u. a. bei der Herstellung der Skulpturen des Kurt-Wabbel-Stadions (heute Erdgas Sportpark) in Halle.

Galgtor vor der halleschen Altstadt und später in der Ulrichskirche bezogen.

Nach Aufgabe des Klosters dienten sie noch bis zum Ende des 19. Jahrhunderts vorrangig als Steinbruch. Ursprünglich ragte beispielsweise der „Halsbrecherfelsen“ noch viel weiter in die Saale hinein. Er wurde 1850 gesprengt, um den immer größer werdenden

Entlang der Klausberge führen zahlreiche historische Treppenanlagen.

Turnvater Jahn (unbekannter Künstler).

Saaleschiffen eine ungehinderte Durchfahrt zu verschaffen. Ihre heutige Gestalt erhielten die Klausberge, nachdem 1871 der hallesche Verschönerungsverein sich des Terrains angenommen, die Hänge mit Bäumen bepflanzt und Wege anlegt hatte.

Der Weg führt nun wieder hinab. Kurz bevor Sie das Niveau der Saale wieder erreichen, führt rechts eine Treppe hinab zur **Jahn-Höhle (8).** Ihren Namen erhielt sie von dem als Turnvater Jahn bekannt gewordenen Friedrich Ludwig Jahn (1778–1852), der zwischen 1792 und 1800 in der Saalestadt studierte.

Zu dieser Zeit war die hallesche Studentenschaft verrufen. Raufereien, Saufereien und Duelle waren insbesondere bei den in landsmannschaftlichen Verbindungen organisierten Studenten beliebt. Wer den Verbindungen nicht angehörte, wurde schikaniert und verfolgt. So geschah es auch Jahn. Dazu lesen wir beim halleschen Heimatforscher Schroeter: „Dagegen lauerten ihm einst mehrere Studenten auf dem Weg nach Giebichenstein auf und fielen gemeinsam über ihn her. Lange Zeit verteidigte er sich tapfer durch Faustschläge gegen die feindliche Übermacht, aber er sah ein, dass er der Mehrzahl doch unterliegen würde. Deshalb verließ er sich auf seine flinken Beine und suchte sein Heil in der Flucht nach der Saale hinunter. Er kletterte mit der Gewandtheit einer Katze entlang der steilen Felswand zu seiner Höhle und war bald den Augen seiner Widersacher entschwunden."

Jahn nutzte die Höhle, die er sich wohnlich einrichtete, vorrangig für seine wissenschaftlichen Studien. Hier war er ungestört, denn der damals noch weit in die Saale hineinreichende „Halsbrecherfelsen" machte die Höhle schwer auffindbar. Jahn verfasste hier seine Schriften zur „Beförderung des Patriotismus

Jahn-Höhle unterhalb der Klausberge.

Romantische Wege am Saaleufer entlang.

Gedenkplatte an der Jahn-Höhle.

Blick auf die Eichendorff-Bank.

Blick zur Burg Giebichenstein mit Kunsthochschule

im Preußischen Reiche" sowie Gedichte und Verse über die Stadt Halle.

Übrigens weist die Saale auf Höhe der Jahn-Höhle ihre tiefste Stelle zwischen Fichtelgebirge und Elbmündung auf. Sie ist hier etwa 15 Meter tief. Dies verwundert nicht, wenn man bedenkt, dass der gesamte Niederschlag, der in ihrem Einzugsgebiet fällt (dieses erstreckt sich immerhin über vier Bundesländer), an dieser engen Stelle zwischen den Klausbergen im Osten und dem Ochsenberg im Westen hindurchfließen muss.

Über weitere Treppenstufen verlassen Sie zunächst die Klausberge. Am Ende der Treppe (links am Felsen) finden sich noch die Befestigungsbolzen des ehemaligen Kaiserdenkmals, das der Berliner Bildhauer Kaffsack gestaltete. Es wurde 1890 am Fuße des Berges aufgestellt, jedoch bereits 1922 wegen Schändung wieder abmontiert.

Mit der Rückbesinnung auf die Natur zu Beginn des 19. Jahrhunderts entdeckte auch der romantische Dichter Josef von Eichendorff (1788–1857) die Schönheit dieser Landschaft nördlich von Halle. 1899 stellte der hallesche Verschönerungsverein auf den Klausbergen die **Eichendorff-Bank (9)** auf, um an den Dichter zu erinnern. Seit kurzem ist die Bank restauriert worden und lädt nun wieder zum Verweilen ein. Der Blick von hier in das romantische Saaletal und auf die Ruine der Burg Giebichenstein ist wohl einer der Höhepunkte Ihres Rundgangs.

Dazu gehen Sie, nachdem Sie die letzte Stufe hinter sich gelassen haben, an der nächstmöglichen Gelegenheit den Berg links

Der Amtsgarten.

Die Brücke zur Unterburg der Burg Giebichenstein.

wieder hinauf. Halten Sie sich weiter links und nach wenigen Metern erreichen Sie die Eichendorff-Bank. Führen Sie sich an diesem romantischen Ort zunächst eines der berühmtesten Lieder des Dichters vor Augen, das Sie auch am Obelisk eingemeißelt finden.

Da steht eine Burg überm Tale
Und schaut in den Strom hinein,
Das ist die fröhliche Saale,
Das ist der Giebichenstein.

Da hab ich so oft gestanden,
Es blühten Täler und Höhn,
Und seitdem in allen Landen
Sah ich nimmer die Welt so schön!

Vielen dürfte auch die Vertonung dieser Verse durch Gerd Ochs (1903–1977) im Ohr sein.

Von der Eichendorff-Bank aus gehen Sie den Weg zurück bis zu den am Hang gebauten Häusern, dort nach links hinunter bis zur Seebener Straße. Unten angekommen, gehen Sie nach rechts, hier bietet sich die Möglichkeit für eine kurze Rast mit leckerem Eis. Sie biegen dann rechts in die Emil-Eichhorn-Straße und folgen dieser bis zum Ende. Dort finden sie die Bronzestatue des jungen Josef von Eichendorff bei einem seiner Badeausflüge an die Saale.

Folgen Sie dem 2019 aufwendig sanierten Promenadenweg nach links, bis auf der linken Seite ein kleiner Spielplatz erscheint. Diesen überqueren Sie und gehen weiter

Ludwig der Springer, Holzschnitt von Johann Beer (1655–1700).

nach rechts, bis nach wenigen Metern links der Einstieg in den **Amtsgarten (10)** zu sehen ist. Dieser ist ein Gewirr aus verschlungenen Wegen, blühenden Terrassengärten, Pavillonbauten und Alleen. Nehmen Sie sich die Zeit, diesen romantischen Garten zu erkunden. Immer wieder gibt es wunderschöne Aussichtspunkte zur Saale und zur Burg Giebichenstein. Die Geschichte des Gartens geht in seiner heutigen Form mindestens bis in das 17. Jahrhundert zurück. Ursprünglich hatten ihn die Magdeburger Erzbischöfe an der Burg Giebichenstein als Obst- und Ziergarten angelegt. Dieser wurde im Jahr 1740 als prächtiger Barockgarten mit Springbrunnen durch den Amtmann Johann Christoph Ochs von Ochsenstein umgeplant. Der Garten erstreckte sich damals vom Burggraben der Burg Giebichenstein bis zu den Klausbergen und umfasste auch den Uferbereich entlang der Saale.

Weitere Umbauphasen folgten im 19. und 20. Jahrhundert. Die Gartenbereiche in der Saaleniederung wurden jedoch durch häufige Überschwemmungen stark in Mitleidenschaft gezogen, sodass der untere Teil des Amtsgartens im Laufe seiner Geschichte zurückgebaut werden musste. 1905 wurde der Garten städtisch und so der Öffentlichkeit zugänglich. Von 1907 bis 1909 schuf Stadtgartendirektor Emil Berckling die Grundlage für den Amtsgarten in seiner heutigen Gestalt, einschließlich des Aussichtspunktes auf dem Römerberg. Die noch zahlreich vorhandenen terrassenförmig angelegten Themengärten wie Rosengarten, Blumengarten, Almrosengarten mit kleinen Sitzbänken, Rankbögen und Pergolen prägen noch heute seinen romantischen und anmutigen Cha-

Blick vom Turm nach Süden auf die Oberburg mit den Mauerresten.

Die Legende von Ludwig dem Springer

Der Legende nach wurde im 11. Jahrhundert der thüringische Landgraf Ludwig II. auf der Burg Giebichenstein gefangen gehalten. Ludwig gelang der Sage nach die Flucht von der Burg durch einen kühnen Sprung von einem Felsen in die Saale und er wurde forthin Ludwig der Springer genannt. Seinen Fall bremsten die kunstvoll angelegten Kleidungsstücke, die wie ein Fallschirm wirkten, sodass er unbeschadet dem Fluss entstieg und auf einem bereitstehenden Pferd fliehen konnte. Viele werden sich beim Anblick der heutigen Burgruine fragen, wie Ludwig den Sprung unverletzt überleben konnte. Die Lösung scheint jedoch recht einfach. Zu Zeiten Ludwigs reichte die Saale bis unmittelbar an den Felsen heran, der heutige Promenadenweg wurde erst Ende des 19. Jahrhunderts angelegt.

rakter. Seinen besonderen Reiz gewinnt der Amtsgarten auch durch die Lage am Steilhang des Saaleufers und das damit verbundene bewegte Relief. Der Amtsgarten zählt zu den 40 bedeutendsten historischen Gartenanlagen des Landes Sachsen-Anhalt, die in den „Gartenträumen" seit 2006 eine Würdigung erhalten.

Vom Plateau des Amtsgartens ist von den meisten Punkten der Turm der sagenumwobenen **Burg Giebichenstein (11)** zu sehen, der letzten Station Ihres Rundgangs. Die strate-

Blick zur Burg Giebichenstein.

gisch günstige Position des Felsens am Beginn der Einengung des Saaletals erkannte bereits König Heinrich I. Dieser ließ in der ersten Hälfte des 10. Jahrhunderts eine Wehranlage errichten, die insbesondere gegen Übergriffe der östlichen Völkerstämme gedacht war. Die erste urkundliche Erwähnung der Burg 961 geht auf Otto I. zurück, der die Burg samt Grundbesitz dem Magdeburger Moritzburgkloster schenkte.

Die Burg Giebichenstein war Residenz der Magdeburger Erzbischöfe und gehörte im 11. und 12. Jahrhundert zu einer der bedeutendsten Burganlagen im Heiligen Römischen Reich Deutscher Nation. So rief beispielsweise Friedrich I. Barbarossa 1175 die Fürstenversammlung auf der Burg Giebichenstein ein. Von der ursprünglichen mittelalterlichen Burganlage sind heute praktisch keine Reste mehr vorhanden.

Die Burg Giebichenstein in ihrer heutigen Struktur besteht aus einer Oberburg, die sich auf einem Plateau-Bereich des Burgfelsens befindet, und der Unterburg. Die ältesten ausgegrabenen Mauerreste auf der Oberburg stammen aus der ersten Bauphase des 12. Jahrhunderts. Auf der Oberburg entstanden ein heute noch erhaltener Torturm, eine Ringmauer und der Südturm (Bergfried). Die Ringmauer wies ursprünglich eine Höhe von mindestens 4,50 Metern auf. Auf der Oberburg befanden sich außerdem ein Wohnturm und ein repräsentativer Saalbau. Auch eine kleine, im Hof freistehende Kirche entstand auf der Oberburg, deren Reste heute noch besichtigt werden können.

Nachdem Mitte des 15. Jahrhunderts die Oberburg für die Erzbischöfe zu klein wurde, begann man mit der Errichtung der Unterburg. Die Burg Giebichenstein verlor jedoch

Blick von der Burg Giebichenstein nach Norden ins Saaletal.

schon wenige Jahre später an Bedeutung, nachdem Erzbischof Ernst von Sachsen 1503 seinen Sitz in die neu errichtete Residenz in der im benachbarten Halle errichteten Moritzburg bezog. Der Burg Giebichenstein blieb lediglich die Funktion des Verwaltungssitzes des Amtes Giebichenstein. So verwundert es nicht, dass nach einer verheerenden Feuersbrunst, die die schwedischen Besatzer im Dreißigjährigen Krieg verursachten, die Oberburg nicht wieder aufgebaut wurde und somit seit dem 16. Jahrhundert als Ruine über dem Saaletal thront.

Die Oberburg der Burg Giebichenstein ist heute Architektur- und Freiluftmuseum. Von der mittelalterlichen Burganlage sind der Torturm und der Gewölbekeller gegenwärtig noch erhalten. Es empfiehlt sich unbedingt eine Besteigung des Torturmes, die Aussicht auf das Saaletal und die Türme der Stadt Halle ist überwältigend.

1915 wurde auf der Unterburg die über die Stadtgrenzen hinaus bekannte Kunstgewerbeschule Burg Giebichenstein eingerichtet, deren Lehre eng mit dem Bauhaus verbunden war. Die Unterburg mit der heutigen „Burg Giebichenstein Kunsthochschule Halle“ ist bedauerlicherweise nicht öffentlich zugänglich.

An der Burg Giebichenstein endet der Rundgang. Die nächsten Straßenbahn-Haltestellen befinden sich in der Fährstraße (Linie 7) und in der Seebener Straße (Linie 8), Haltestelle Burg Giebichenstein.

Öffnungszeiten Oberburg
www.stadtmuseumhalle.de
von April bis Ende Oktober:
dienstags bis freitags, 10–18 Uhr,
samstags und sonntags, 10–19 Uhr

5. RUNDGANG

VILLEN UND WIDERWILLEN

Durch das gründerzeitliche Halle

Wer hätte vor über 30 Jahren geahnt, was hinter bröckelndem Putz und dem Grau dieser Stadt, hinter dicken Mauern und in verwitterten Vorgärten verborgen liegt? Wir werden es Ihnen auf diesem Rundgang verraten. Herrschaftliche Villen wie Märchenschlösser, vergessene Besitzer, die die Stadt beschrieben und klangvoll repräsentierten. Ganze Straßenzüge zählen heute zu dem schönsten und teuersten Wohnviertel der Stadt. Kommen Sie mit, staunen und bewundern Sie!

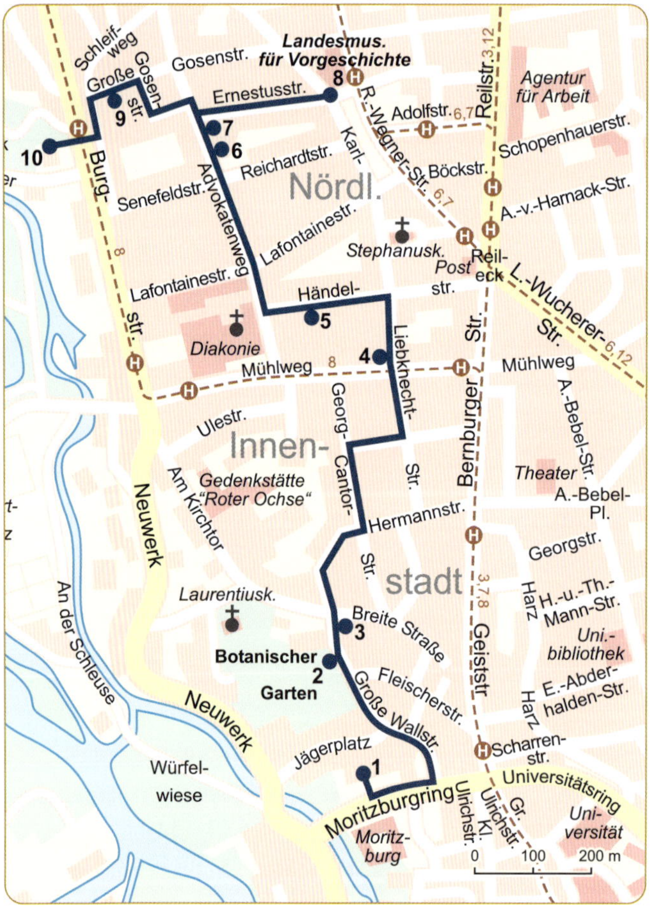

1,5 bis 2 Stunden

Leopoldina

Leopoldina (1)
Botanischer Garten (2)
Villa Roß, Am Kirchtor 29 (3)
Villa Kaehne, Mühlweg 15 (4)
Villa Weise, Händelstraße 16 (5)
Villa Riedel, Advokatenweg 36 (6)
Villa Hoffmann, Ernestusstraße 27 (7)
Landesmuseum für Vorgeschichte (8)
Volkspark (9)
Villa Lehmann, Burgstraße 46 (10)

Hauptgebäude der Leopoldina Nationale Akademie der Wissenschaften am Jägerberg 1.

Dieser stadtgeschichtliche Rundgang durch Halle entführt Sie in die Zeit zwischen 1840 und 1910, eine Zeit also, in der sich in wenigen Jahrzehnten das Antlitz der Stadt rasant veränderte und Halle schließlich Ende des 19. Jahrhunderts zu einer der modernsten Großstädte des Deutschen Reiches wurde. Faszinierend ist dieser Rundgang vor allem, weil das Mühlwegviertel, durch das Sie dieser Spaziergang führt, heute wieder fast wie vor 100 Jahren aussieht. Ein geschlossenes sogenanntes Gründerzeitviertel ist noch fast vollständig erhalten, und nahezu alle Gebäude sind nach der Wende saniert worden. Lediglich die Flut an parkenden Autos weist auf die heutige Zeit hin.

Bevor Sie Ihren Rundgang beginnen, versetzen Sie sich zunächst noch einmal zurück in die Situation der Stadt Halle um 1840. Die mittelalterlichen Stadtbefestigungsanlagen mit ihren Stadtmauern, Gräben und Türmen waren zu Beginn des 19. Jahrhunderts geschliffen worden, da diese längst ihre Funktion verloren hatten und die Stadtentwicklung einengten. Die ehemals eigenständigen Ortschaften Glaucha im Süden und Neumarkt im Norden waren mittlerweile mit der Altstadt von Halle zusammengewachsen, hatten jedoch höchst unterschiedliche Charaktere. Glaucha galt als das Armenviertel. Neumarkt dagegen entwickelte sich zu Beginn des 19. Jahrhunderts aufgrund seiner Nähe zur Residenz und der Moritzburg zunehmend zum Wohnsitz höherer preußischer Beamter und wohlhabender Vertreter des aufstrebenden Bürgertums. Nicht zuletzt die landschaftlich reizvolle Lage in der Nähe zur Saale und dem Botanischen Garten trugen maßgeblich zu dieser Entwicklung bei. Halle hatte zu dieser Zeit bereits ca. 30.000 Einwohner.

Sie beginnen Ihren Rundgang an einer der Perlen der Stadt Halle, dem Hauptsitz der **Leopoldina (1)** am Jägerberg. Sie erreichen das Gebäude bequem mit der Straßenbahn (Linien 3, 8 und 7 / Haltestelle Moritzburgring). In weniger als 300 Metern entlang der Straße Moritzburgring in westlicher Richtung ist das beeindruckende Gebäude nicht zu übersehen. Die auf der linken Seite liegende Moritzburg wurde schon in den Rundgängen 1 und

Bauphasen des Hauses auf dem Jägerberg (Riechwien 1991).

2 betrachtet. Nunmehr wenden Sie sich dem imposanten Gebäude zu, das oberhalb der Moritzburg thront. Die Kür der Leopoldina zur Nationalen Akademie der Wissenschaften im Jahr 2008 erwies sich als Segen für die Stadt. Lange Jahre war die Leopoldina, die schon seit 1878 ihren Sitz in Halle hatte, in einer Villa in der Emil-Abderhalden-Straße und im damaligen Hauptgebäude in der August-Bebel-Straße untergebracht. Die Ernennung zur Nationalakademie ermöglichte den Umzug in das zuvor leerstehende Gebäude auf dem Jägerberg. Beim Anblick des majestätischen Akademiegebäudes wird schnell klar, warum das Gebäude bei den Hallensern bereits nach wenigen Monaten der Sanierung seinen Beinamen weg hatte: das „Weiße Haus" von Halle.

Widmen Sie sich zunächst der sehr wechselvollen Geschichte des Gebäudes. Bis zum 16. Jahrhundert war das Terrain vor den Toren der Moritzburg weitgehend unbewohnt und durch häufige Überschwemmungen praktisch unbebaubar. Bereits 1536 wurde eine 100 Meter lange und bis zu 20 Meter hohe Erdschanze aufgeschüttet, um der Moritzburg, Residenz von Kardinal Albrecht, Deckung bei einem drohenden Angriff aus dem benachbarten Kursachsen zu bieten. 1750 ließ Herzog August von Sachsen-Weißenfels dann ein Jagdhaus auf der Schanze errichten, daher auch die heutige Bezeichnung Jägerberg. Im Zuge der Aufklärung gewannen im 18. Jahrhundert auch in Halle die Freimaurer zunehmend an Bedeutung. In den Logen waren vor allem gebildete und wohlhabende Bürger organisiert, sodass es der Freimaurerloge „Zu den drei Degen" 1792 möglich war, auf Vorschlag von Johann Christian Reil das gesamte Grundstück auf dem Jägerberg zu kaufen und ab 1822 einen Logenpalast zu errichten. Zur Zeit des NS-Regimes wurden die Freimaurer gezwungen, das

Club der Nobelpreisträger

Die altehrwürdige und später nach Kaiser Leopold I. benannte Leopoldina wurde bereits 1652 gegründet und ist damit eine der ältesten wissenschaftlichen Akademien der Welt. In ihrem Leitsatz fühlt sie sich der „freien Wissenschaft zum Wohle der Menschen und der Gestaltung der Zukunft" verpflichtet. Gegenwärtig hat die Akademie ca. 1.600 Mitglieder – Wissenschaftler aus zahlreichen Ländern der Welt. Auch gehören und gehörten ihr zahlreiche Nobelpreisträger an. Bekannte Mitglieder waren u. a. Marie Curie, Charles Darwin, Albert Einstein, Johann Wolfgang von Goethe, Alexander von Humboldt und Max Planck. 2008 wurde die Leopoldina zur Nationalen Akademie Deutschlands erhoben. Sie vertritt damit nicht nur die deutsche Wissenschaft in internationalen Gremien, sondern nimmt auch als wissenschaftliche Beraterin der deutschen Politik Stellung zu politischen und gesellschaftlichen Fragen – von der Gentechnik bis zur Elektromobilität. Die Leopoldina wird aus Mitteln des Bundes und des Landes Sachsen-Anhalt finanziert. Der Hauptsitz der Akademie ist in Halle.

gesamte Anwesen an die Stadt zu veräußern. 1945 nutzten die Amerikaner das Gebäude für kurze Zeit, später die Sowjetische Militäradministration. 1952 schließlich zog die hallesche Universität ein. Das Gebäude war den Hallensern seit dieser Zeit als Tschernyschewskij-Haus bekannt. 1998 wurde die Zwangsübereignung der Nazizeit rückabgewickelt. Der Rechtsnachfolger der Freimaurerloge verkaufte das Gebäude 2008 an den jetzigen Eigentümer, die Leopoldina.

Zum Gebäude selbst: Vom ursprünglichen Logenpalast aus dem Jahr 1822, übrigens der erste seiner Art in Deutschland, ist heute nichts mehr erhalten. 1867 wurde der Westflügel des Palastes abgerissen, an seiner Stelle entstand im spätklassizistischen Stil der große Festsaal, der noch heute genutzt wird. 20 Jahre später wurde der Ostflügel geschliffen und durch einen lang gestreckten Gebäudeflügel ersetzt. Dieser in der Blütezeit des Historismus errichtete Ostflügel weist eine aufwendige Fassadengestaltung im Stil der italienischen Hochrenaissance auf. Die beiden unterschiedlichen Baustile der zwei Flügel konnten bei der Sanierung in ihrem Originalzustand erhalten werden und geben somit ein Zeugnis von der früheren Geschichte des „Weißen Hauses".

Der von 1787 stammende klassizistische Turm im Botanischen Garten diente bis 1923 als Sternwarte.

Vom Klostergarten zur Sammlung von mehr als 12.000 Pflanzen

Bereits im Jahr 1116 gründeten Augustiner-Chorherren das Kloster Neuwerk. Um das Kloster herum entstand die Siedlung Neumarkt, deren Pfarrkirche die heutige St.-Laurentius-Kirche war. Auf Veranlassung von Kardinal Albrecht wurde das Kloster 1530 aufgelöst. Das Baumaterial der abgerissenen Kirchengebäude fand zum Teil bei der Errichtung der Neuen Residenz Verwendung.

Übrig blieb nur der Klostergarten, in dem die Mönche nicht nur Gemüse und Obst, sondern auch Heilkräuter anbauten. Auf dem Gelände des ehemaligen Klostergartens legte der Medizinprofessor und Königliche Leibarzt Georg Ernst Stahl kurz nach Gründung der halleschen Universität 1698 die ersten Beete an. Die eigentliche Gründung des Botanischen Gartens folgte gut 100 Jahre später mit dem Ankauf von Grund und Boden des ehemaligen Klostergartens. Im Jahr 1799 wuchsen im Botanischen Garten bereits etwa 3.000 Pflanzenarten, heute sind es rund 12.000. Sehenswert ist auch die 1787 durch Carl Gotthardt Langhans errichtete historische Sternwarte auf dem Gelände des Botanischen Gartens. Sie haben den Namen dieses Baumeisters schon einmal gehört? Sicher, er schuf auch das Brandenburger Tor in Berlin. Der Botanische Garten reichte ursprünglich bis zur Saale, wurde jedoch mit der Errichtung der Straße am Neuwerk Ende des 19. Jahrhunderts verkleinert.

Sie setzen nun Ihren Rundgang durch den ehemaligen Ort Neumarkt fort und gehen zunächst ein kurzes Stück den Moritzburgring zurück, bis links die Große Wallstraße in Richtung Norden abbiegt.

In der Großen Wallstraße werden die zuvor bereits beschriebenen Umbrüche in der Stadtentwicklung besonders deutlich. Halle gehörte neben Görlitz zu den im Zweiten Weltkrieg am wenigsten zerstörten deutschen Großstädten. Dieser Segen erwies sich jedoch im Laufe der DDR-Geschichte mehr als Fluch, da die knappen Ressourcen an Baumaterial vorrangig in den Wiederaufbau der zerstörten Städte und dabei insbesondere in die Hauptstadt Berlin gesteckt wurden. Weite Teile der historischen Bausubstanz verfielen zusehends. In den 1980er-Jahren begann dann der großräumige Abriss. Glücklicherweise wurde das Vorhaben einiger sozialistischer Städteplaner, große Teile der halleschen Gründerzeitviertel durch Plattenbauten zu ersetzen, durch die Wende gestoppt.

Für das Neumarktviertel jedoch kam die Wende zu spät. Ganze Straßenzüge fielen den Abrissbaggern zum Opfer. Bei der Neubebauung in Plattenbauweise versuchte man, kleinere architektonische Abwandlungen der monotonen Bauweise und Fassadengestaltung vorzunehmen. Aufgrund der zentralen Lage und des weitgehend sanierten Zustandes sind diese Wohnungen bei den Hallensern heute durchaus beliebt.

Auf der linken Seite passieren Sie nun den **Botanischen Garten (2),** der sich über eine Fläche von 4,5 Hektar erstreckt. Noch zu Beginn des 19. Jahrhunderts lag er relativ einsam vor den Toren der Stadt Halle.

Setzen Sie nun Ihren Rundgang entlang der Großen Wallstraße fort und wenden Sie sich der **Villa Roß (3)** zu, die sich an der Kreuzung Breite Straße/Am Kirchtor Nr. 29 befindet.

Die Villa Roß an der Kreuzung Breite Straße/Am Kirchtor 29.

Botanischer Garten der Martin-Luther-Universität

Am Kirchtor 3
Öffnungszeiten: April–Oktober | montags–freitags: 14–18 Uhr
am Wochenende sowie feiertags von 10–18 Uhr.

Dieses heute eher unspektakuläre Gebäude kann auf eine interessante Geschichte zurückblicken und gewährt einen Einblick in das Halle in der Mitte des 19. Jahrhunderts. Die Villa wurde zwischen 1853 und 1854 errichtet und stammt damit aus der Vorgründerzeit, die um 1870 in Halle begann. Der Universitätsprofessor und Philologe Ludwig Roß, der als einer der anerkanntesten Wissenschaftler seiner Zeit galt, Ausgrabungen auf der Athener Akropolis leitete und mit dem Berliner Architekten Karl Friedrich Schinkel regen Kontakt pflegte, wurde 1843 auf Empfehlung Alexander von Humboldts an die Preußische Universität nach Halle berufen. Roß gründete in Halle den Lehrstuhl für Archäologie. In Erinnerung an seine Zeit in Griechenland wollte Roß gern auch in Halle in ländlicher Idylle, jedoch auch nahe seiner Universität wohnen. Die noch dünn besiedelte, ländliche Vorstadt Neumarkt mit ihren kleinen Gartenanlagen und dem Botanischen Garten bot daher ideale Voraussetzungen. Roß beauftragte den Architekten Hermann Weise mit der Errichtung des Stadthauses. Die Villa wurde im spätklassizistischen Stil errichtet. Interessant ist dabei die architektonische Gestaltung der Villa, die aus zwei unterschiedlich hohen Baukörpern besteht. Der Architekt wollte damit wohl suggerieren, dass es sich um ein über mehrere Generationen gewachsenes Haus handelt. Auf aufwendigen Fassadenschmuck verzichtete er bei der Errichtung der Villa. Mit ihrer bewusst asymmetrischen Baugestaltung und dem Verzicht auf typische klassizistische Gestaltungselemente wollte der Architekt wohl dem Trend seiner Zeit folgen, weg vom strengen preußischen Spätklassizismus hin zu einer Architektur, die das romantische Lebensgefühl auch in der Architektur verkörpert.

Nach dem Tod von Roß 1859 wechselte die Villa häufig ihre Eigentümer. Zu DDR-Zeiten verfiel sie zusehends, Ende der 1980er-Jahre war der Abriss durch den VEB Gebäudewirtschaft schon beschlossene Sache. Nach der Wende wurde die Villa an die Nachkommen der Eigentümer rückübertragen, liebevoll saniert und wieder als Wohnhaus genutzt.

Gehen Sie nun durch die Hermannstraße bis zur Kreuzung Georg-Cantor-Straße. Von der Hermannstraße aus sehen Sie die Rückfront des Gefängniskomplexes, der auch als „Roter Ochse“ bekannt wurde. 1842 als Straf- und Besserungsanstalt angelegt, wird der Bau heute noch als Justizvollzugsanstalt genutzt. Im Gebäudekomplex befindet sich auch eine Gedenkstätte, die an vergangene Diktaturen erinnert. Die Hermannstraße bietet architektonisch wenig Reizvolles, etliche gründerzeitliche Gebäude harren noch immer ihres Erwachens aus dem Dornröschenschlaf.

Biegen Sie an der Kreuzung zur Georg-Cantor-Straße links ab. Hier wandelt sich das Bild, denn das Mühlwegviertel beginnt. Es ist heute wieder einer der vornehmsten Stadtteile Halles. Durch die rasante industrielle Entwicklung seit den 1870er-Jahren stieg nicht nur der Bedarf an Unterkünften für die Arbeiter in den Fabriken. Vielmehr wollte neben den Fabrikbesitzern und höheren Angestellten auch die zunehmende Zahl von Rechtsanwälten, Ärzten und Universitätsgelehrten standesgemäß untergebracht sein.

Gründerzeitliche dreigeschossige Wohngebäude bestimmen zumeist als Reihenbebauung das Straßenbild der Georg-Cantor-Straße.

Gesamtansicht der Villa Kaehne.

Die Straßen sind großzügig mit Vorgärten und Stadtbäumen angelegt. Dem damaligen Zeitgeist folgend, sind nahezu alle Stilelemente des aufblühenden Historismus erkennbar. Neoklassizistische Fassaden stehen neben den Gebäuden im Stil der Neugotik, des Neobarocks und der Neorenaissance.

Sie biegen an der Kreuzung Blumenstraße nach rechts ab und bewundern die fast vollständig sanierten Gebäude im Mühlwegviertel. Zahllose Fassadenelemente wie Erker und Balkons sowie reiche Verzierungen durch Ornamente und figürliche Darstellungen machen einen Spaziergang durch das Viertel zum Erlebnis. Noch vor weniger als 30 Jahren boten die heute wieder eindrucksvoll erstrahlenden Häuser überwiegend einen bedauernswerten Anblick. Nach dem Willen einiger sozialistischer Stadtplaner sollten hier längst Plattenbauten stehen.

An der Kreuzung Blumenstraße/Karl-Liebknecht-Straße biegen Sie links ab. Hier fällt das Eckgebäude an der Nordwestecke ins Auge. Lange harrte die Villa Lohausen ihrer Wiederentdeckung. Das Wohnhaus des einstigen Halleschen Stadtbaurates Carl Otto Lohausen (1838–1921), dem Sie auch im Rundgang 6 begegnen, wurde 2019 aufwendig saniert.

Sie folgen der Karl-Liebknecht-Straße weiter und erblicken an der Kreuzung zum Mühlweg ein weiteres beeindruckendes Beispiel der halleschen Villenarchitektur der Gründerzeit – der 1902 fertiggestellten **Villa Kaehne (4)** im Mühlweg 15. Der dem Viertel seinen Namen gebende Mühlweg wurde bereits seit einigen Jahrhunderten als Zugang zur Steinmühle genutzt, die sich am Ufer der Saale befindet. Der wohlhabende Rechtsanwalt und Notar Hermann Kaehne erwarb um 1900 das repräsentative Eckgrundstück am Mühlweg und beauftragte die renommierten Architekten Albert und Ernst Giese mit der Planung für eine repräsentative Stadtvilla. Kaehne wollte sich im Viertel ein „Märchenschloss“ errichten lassen, was ihm unzweifelhaft auch gelang. Die Architekten überboten sich bei der Gestaltung der auf einer Fläche von 470 Quadratmetern stehenden Villa regelrecht mit einer kaum noch zu steigernden Vielfalt unterschiedlichster Baukörper und Bauformen wie Erker, Balkons, Loggien und Türme. Bitte achten Sie beispielsweise auf die beiden versetzten Giebel an der Front zum Mühlweg. Wirken diese nicht wie Theaterkulissen? Die Baumeister kopierten dabei alle möglichen Baustile von der Romanik über die Gotik bis zur Renaissance.

Kaehne hatte nur kurze Zeit Freude an seiner Villa, er starb bereits 1913. Nach mehrfachem Besitzerwechsel erwarb schließlich 1926 der damalige Bahnhofswirt namens Naumann das „Märchenschloss“. Vermutlich war sein Geschäft sehr einträglich. Nach 1950 pachtete der Rat des Bezirkes Halle die Villa von den Naumann'schen Erben und nutzte sie als Gästehaus. Prominente Besucher waren unter anderem Walter Ulbricht und Nikita Chruschtschow. Von 1967 an bis heute wird das Gebäude durch die hallesche Universität genutzt. Das Gebäude beherbergt heute u. a. das Orientalische Institut der Martin-Luther-Universität und die Bibliothek der Deutschen Morgenländischen Gesellschaft.

Sie gehen weiter die Karl-Liebknecht-Straße entlang und biegen an der Kreuzung Händelstraße nach links ab. Achten Sie dabei auch auf ein Detail am Eckgebäude auf der gegenüber liegenden Seite. Das Jugendstilgeländer mit seinen Blumenranken und Ornamenten wurde hier liebevoll saniert. Das Mühlwegviertel ist zwar nicht typisch für den Jugendstil, hier und dort lassen sich aber immer wieder ein paar Jugendstilelemente entdecken.

In der Händelstraße Nummer 13 wohnte zwischen 1886 und 1918 der bekannte hallesche Mathematiker Georg Cantor (1845–1918), der weithin als Begründer der Mengenlehre gilt. Wenige Schritte weiter erreichen Sie in der Händelstraße Nr. 16 die **Villa Weise (5),** das nächste Zwischenziel dieses Rundgangs.

Erkennbar ist zunächst, dass die 1896 fertiggestellte Villa eine Sonderstellung in der Bebauung der Straße einnimmt. Ist die Händelstraße durch geschlossene Bebauung geprägt, handelt es sich bei diesem Gebäude um eine einzeln stehende Villa auf einem für innerstädtische Verhältnisse großen Grundstück. Bauherr dieser Villa im Stil des Späthistorismus war der Industrielle Rudolf Ernst Weise. Weise war Inhaber der weltweit bekannten Pumpenfabrik Weise & Monski, die bis zu 1.000 Angestellte hatte, galt als Kunstmäzen und überaus sozial eingestellter Bürger. Sein Grab ist heute noch auf dem Stadtgottesacker zu besichtigen (Abt. II im Innenfeld).

Weise engagierte 1895 den damals renommierten Berliner Architekten Hans Grisebach. Dieser entwarf den zwei- bis dreigeschossigen Putzbau im Stil der Spätgotik und der deutschen Renaissance. Zahlreiche unterschiedliche Giebel, Erker, Gauben und Türmchen lassen die Villa wie ein spätmittelalterliches Schloss erscheinen. Zu dieser Zeit wurde in

Märchenhafte Türme an der Villa.

der Architektur vieles dem äußeren Gesamteindruck untergeordnet, sodass selbst der Küchentrakt mit einer aufwendigen Turmhaube gekrönt war. An dieser Villa lässt sich gut die typische Gebäudenutzung dieses Villentyps studieren. Im Erdgeschoss befanden sich die Repräsentations- und Empfangsräume der Eigentümer, die durch zahlreiche Empfänge als halböffentlicher Raum galten. Im Obergeschoss befanden sich die Schlafräume und Fremdenzimmer. Das Personal wie Köche, Diener und Gärtner war im Souterrain und im Dachgeschoss untergebracht. Dem damaligen Zeitgeist entsprechend war es üblich, dass die Angestellten nicht denselben Zugang wie die Hausherren und deren Gäste benutzten. Größere Villen besaßen daher immer auch einen Dienstboteneingang. In der Villa Weise ist dieser auf der rechten Seite des Gebäudes zu sehen, dieser führte über einen Treppenturm zum Dachgeschoss.

Villa Weise in der Händelstraße 16.

Blick in den Garten.

Eingangstür zur Villa Weise.

Nachdem 1949 die Nachkommen Weises Halle verlassen hatten, folgte die Umgestaltung der Villa zu einer Kinderklinik, der ehemalige Festsaal mit Empore und dem großen Rundfensterbogen wurde dann als Turnhalle genutzt. Nach der Wende stand die Villa lange Zeit leer, wurde aber mittlerweile als Mehrfamilienwohnhaus umgebaut. Sicherlich mögen einige bedauern, dass dadurch die ursprünglichen Strukturen im Inneren des Gebäudes erneut radikal verändert werden mussten. Andererseits ist damit das äußere imposante Erscheinungsbild dieser Villa erhalten geblieben. Einzig die Metallschiebetür an der Einfahrt will so gar nicht in das Gesamtbild passen.

Setzen Sie nun Ihren Spaziergang fort und gehen Sie weiter durch die Händelstraße bis zur Kreuzung Advokatenweg, hier biegen Sie nach rechts ab. Noch immer laufen Sie an gründerzeitlichen Villen und herrschaftlichen Wohnhäusern vorbei. Vereinzelt wurden in den vergangenen Jahren im Advokatenweg Lücken im Straßenbild durch Neubauten geschlossen, sodass sich auch Architekten aus der heutigen Zeit im Mühlwegviertel verewigen konnten.

An der Kreuzung Advokatenweg/Reichardtstraße kommen Sie zur größten Villa des Mühlwegviertels – zur **Villa Riedel (6)** im Advokatenweg 36.

Bauherr dieser 1898 fertiggestellten repräsentativen, freistehenden Villa war Paul Richard Riedel, der sein Geld zunächst in der Zuckerindustrie machte. Schnell erkannte er, dass die Entwicklung und Herstellung von Maschinen für die Zuckerindustrie deutlich höhere Gewinne abwarf. So gründete er in Halle die kleine Maschinenfabrik Riedel & Kemnitz. Bald darauf verlegte er seine Maschinenfabrik in die Merseburger Straße und wurde im Laufe der Jahre zu einem der bedeutendsten Industriellen Halles. Zunächst wohnte er – wie zu dieser Zeit üblich – in einer Direktorenvilla direkt auf dem Betriebsgelände. Das Gebäude existiert noch heute in der Merseburger Straße.

Historische Aufnahme mit Blick zur Villa Weise vom Advokatenweg in die Händelstraße (G. Riehm).

Mit der zunehmenden Motorisierung und Verbesserung der Infrastruktur war es den Fabrikbesitzern möglich, ihren Wohnsitz in attraktivere Wohngegenden der Stadt zu verlegen. Der auch mit der Planung der Villa Weise beauftragte Hans Grisebach erhielt von Riedel einen Auftrag zur Errichtung eines herrschaftlichen Wohnsitzes im Mühlwegviertel. Riedel suchte dafür zunächst ein Eckgrundstück, da sich hier die Villa zu mehreren Seiten hin präsentieren konnte. Um den herrschaftlichen Charakter seiner auf einer Grundfläche von 711 Quadratmetern stehenden Villa noch zu steigern, rückte der Architekt die Villa sehr nah an die Straßenfront heran und errichtete diese auf hohen Böschungsmauern aus halleschem Porphyr. Gleichsam aufgesockelt, verstärkt sich so der Eindruck von Größe und Pracht des Gebäudes.

Die Handschrift des Architekten Grisebach ist beim Vergleich der Villa Riedel mit der Villa Weise unverkennbar. Auch hier werden vorzugsweise Stilelemente der deutschen Renaissance aufgegriffen. Im Gegensatz zur eher kompakten Villa Weise besitzt die Villa Riedel jedoch einen ausufernden Baukörper mit zerfließender Silhouette. Das Erdgeschoss betrat man an der Westseite durch ein reich verziertes Portal. Auch hier gab es einen sepa-

Bedeutender Inhaber der Villa war Paul Richard Riedel.

Eingangsportal an der Villa Riedel.

Kleines Detail an der Hausseite der Villa.

raten Dienstboteneingang. Die im Dachboden untergebrachten Zimmer waren nur über die vom Keller aus durchgehende Nebentreppe zu erreichen. Der Wirtschaftstrakt ist im Gegensatz zum Wohnhaus der Familie Riedel in rustikaler Fachwerkbauweise errichtet, um auch hier einen Kontrast entsprechend der gesellschaftlichen Stellung zu schaffen.

Richard Riedel wohnte 18 Jahre lang in seiner Villa und starb 1916. Die Villa ging in den Besitz des Generaldirektors seiner Fabrik, Adolf Wagner, über. Nach dem Zweiten Weltkrieg wurde die Villa dann bis 1997 als Musikschule genutzt. Heute beherbergt sie das Max-Planck-Institut für ethnologische Forschung. Bei der Sanierung gab es eine Erweiterung des Gebäudes in Richtung Norden, wobei die historische Bausubstanz der Villa Riedel und der moderne Anbau in Stahl-, Glas- und Betonbauweise in einen interessanten architektonischen Kontrast gesetzt wurden.

Folgen Sie dem Advokatenweg weiter nach Norden. Nur einen Steinwurf von der Villa Riedel entfernt, folgt an der Ecke zur Ernestusstraße (Nr. 27) ein weiteres interessantes Stadthaus, das als **Villa Hoffmann (7)** bekannt ist.

Warum haben wir gerade diese Villa für eine nähere Betrachtung während dieses Stadtspazierganges ausgewählt? Nun, die nur 13 Jahre nach der Villa Riedel errichtete Villa Hoffmann wurde an der Schwelle eines neuen Zeitalters der Architektur erbaut. Bei genauerer Betrachtung erkennt man hier bereits das zu dieser Zeit einsetzende Reformbestreben in der Architektur – von der ausufernden Gestaltungsvielfalt des Späthistorismus hin zu einer größeren Sachlichkeit und Funktionalität.

Der Bauherr Ludwig Hoffmann war seinerzeit Generaldirektor der Riebeckschen Montanwerke. Er prägte in seiner mehr als 20-jährigen Tätigkeit das Unternehmen im beginnenden 20. Jahrhundert maßgeblich. Auch Hoffmann wollte sich, nachdem er 1908 das Amt des Generaldirektors übernommen hatte, einen standesgemäßen Privatwohnsitz in Nachbarschaft der damals angesehenen Kreise der Gesellschaft errichten lassen. So beauftragte er 1909 Richard Riemerschmid, einen Münchner Architekten der Architektur-Reformbewegung der Jahrhundertwende. Riemerschmids Philosophie bestand darin, nach dem Vorbild alter Volkskunst zu bauen und dabei ästhetische Vollkommenheit bei hoher Funktionalität zu erlangen. Den vorrangig auf Außenwirkung hinzielenden Historismus, bei dem teilweise die Funktionalität der Gebäude in den Hintergrund trat, wollte Riemerschmid hinter sich lassen.

Ziergiebel der Villa Hoffmann.

Die Villa Hoffmann war daher, im Gegensatz zu den benachbarten Villen, von Beginn an von betonter Schlichtheit und Sachlichkeit geprägt. Das Haupthaus zeigt dabei ein streng reguliertes symmetrisches Bild. Dadurch kommen die beiden individuell gestalteten Ziergiebel zu besonderer Bedeutung. Hier greift der Architekt hallesche Bürgerarchitektur des 15. und 16. Jahrhunderts auf. Auch das steile Satteldach erinnert an Patrizierhäuser der Hansezeit.

Ludwig Hoffmann bewohnte das Haus 32 Jahre lang. In den 2010er-Jahren wurde die Villa Hoffmann saniert.

Im weiteren Verlauf des Advokatenweges wandelt sich der Charakter der Bebauung schlagartig. Die Ernestusstraße bildete früher die Grenze zum bis 1900 eigenständigen Örtchen Giebichenstein, Sie haben somit das Ende des Mühlwegviertels erreicht.

Von der Ernestusstraße aus empfiehlt sich ein Abstecher zum nur wenige Hundert Meter entfernt gelegenen **Landesmuseum für Vorgeschichte (8)** am Rosa-Luxemburg-Platz. Weltweite Berühmtheit erlangte das Museum als Heimstätte der Himmelsscheibe von Nebra.

Das 1918 eröffnete Museum am heutigen Rosa-Luxemburg-Platz war das erste Spezialmuseum für Vorgeschichte in Deutschland. Die archaisch wirkende Architektur des bereits 1913 vollendeten Museumskomplexes kommt daher

Die Himmelsscheibe von Nebra

Die Himmelsscheibe ist einer der bedeutendsten archäologischen Funde des vergangenen Jahrhunderts und Zeugnis für das Wissen unserer Vorfahren vor mehr als 3.600 Jahren. Sie gehört zu einem Bronzeschatz, den Sondengänger 1999 auf dem Mittelberg bei Nebra illegal ausgewühlt hatten. Jeder, der die Bronzescheibe zum ersten Mal betrachtet, sieht sofort „Sonne, Mond und Sterne“. Mit einem Durchmesser von etwa 32 Zentimetern zeigt die Himmelsscheibe die wohl weltweit älteste konkrete Darstellung astronomischer Phänomene und ist seit 2008 in der Dauerausstellung des Landesmuseums zu sehen.

Das Landesmuseum für Vorgeschichte.

Landesmuseum für Vorgeschichte

Richard-Wagner-Straße 9
Tel.: 0345 524730
www.landesmuseum-vorgeschichte.de
Öffnungszeiten: dienstags bis freitags:
9–17 Uhr
samstags, sonntags und feiertags:
10–18 Uhr

nicht von ungefähr. Mit seiner Architektur greift der Komplex sowohl römisch-klassizistische, wie z.B. an der Porta Nigra in Trier, als auch mittelalterliche Stilelemente auf. Die bastionsartig anmutenden Rundtürme erinnern dabei an die Moritzburg. Mit der Errichtung des Gebäudes schuf sich der Architekt Wilhelm Kreis seinen weithin bekannten Ruf als gefragter Museumsarchitekt.

Nach dem kurzen Abstecher zum Landesmuseum gehen Sie die Ernestusstraße zurück zum Advokatenweg. An der Villa Hoffmann biegen Sie rechts ab und gehen nach wenigen Schritten links in die Kleine Gosenstraße, jedoch erst, nachdem Sie noch einmal die Weitsicht der Stadtplaner bei der Anlage des Mühlwegviertels bewundert haben. Am höchsten Punkt des Advokatenweges tritt die Sichtachse zutage, die entlang der Straße direkt zu den vier Türmen der Marktkirche weist.

In der Kleinen Gosenstraße gelangen Sie zunächst zur Hinterfront des **Volksparkes (9).** Der Sanierungsbedarf dieses imposanten Gebäudekomplexes ist bereits an dieser Stelle unverkennbar. Nichtsdestotrotz fallen sofort die zahlreichen Jugendstilelemente der Fassade mit ihren Blumen, Ranken und den herabblickenden Gesichtern ins Auge. Von der Kleinen Gosenstraße aus gelangen Sie in die Große Gosenstraße und laufen links entlang. Hier wird der ehemals dörfliche Charakter dieser Gegend deutlich. Die Straßen sind schmaler; Vorgärten, Straßenbäume und aufwendige Fassadenelemente wie Balkons und Erker fehlen weitgehend. Das kleine Örtchen Giebichenstein war nach dem Umzug der Erzbischöfe in die hallesche Moritzburg vorwiegend von Fischern und Viehzüchtern bewohnt. Straßennamen wie Triftstraße erinnern noch heute an diese Zeit. Am Ende der Großen Gosenstraße gehen Sie nach links in den Schleifweg und gelangen zur vorletzten Station dieses Stadtspaziergangs, dem „Volkspark“, dem ehemaligen Gesellschaftshaus der Sozialdemokraten.

Nicht von ungefähr wählten die halleschen Sozialdemokraten einen Bauplatz am Rande des vornehmen Mühlwegviertels in direkter Nachbarschaft zu den Direktoren der Fabriken, in denen die Klientel der Sozialdemokraten täglich „malochte“. Die Provokation war perfekt, da der Volkspark (damals noch nicht hinter hohen Bäumen verborgen) hoch über der Villa des Bankiers Heinrich Franz Lehmann thronte, der 1892 gegenüber an der Burgstraße seinen herrschaftlichen Palast errichten ließ. Das Gebäude war früher weithin sichtbar und prägte die Silhouette im Nordteil von Halle. Entsprechend führte die Errichtung des „Volksparks“ damals zu wütenden Protesten.

Die Sozialdemokraten wuchsen zu Beginn des 20. Jahrhunderts zur stärksten Partei im Deutschen Reich heran. Entsprechend hoch waren die Anforderungen an ihr neues Vereinshaus, den sogenannten Volkspark. 1907 eröffnet, bot der „Volkspark“ einen Saal für 3.000 Besucher, eine Turnhalle sowie zahlreiche Veranstaltungsräume. Die Architekten des „Volksparks“ Albert und Ernst Giese sind Ihnen bereits durch die Villa Kaehne im Mühlweg (unser „Märchenschloss“) bekannt.

Die Repräsentationsfront zur Saale hin ist durch ein großes Rundbogenfenster und einen riesigen Schweifgiebel gekennzeichnet. Vier stämmige Ecktürme geben dem Bauwerk sein stadtbildprägendes Aussehen. Die Archi-

Historische Ansicht vom Volkspark, um 1910.

tekten griffen dabei sparsam Jugendstildekorelemente auf und schufen so einen Kontrast zu den späthistoristischen Gebäuden der Wilhelminischen Ära.

Halle war damals eine Hochburg der Arbeiterbewegung. Prominente deutsche Funktionäre wie Ernst Thälmann, Clara Zetkin und Karl Liebknecht gehörten zu den Rednern im „Volkspark“. Nach der Vereinigung der SPD mit der KPD zur SED ging die Immobilie 1946 in den Besitz der Einheitspartei über und wurde zu DDR-Zeiten

Der „Kleine Trompeter“

Die Geschichte des „Volksparks“ ist eng mit dem wohl jedem ehemaligen DDR-Bürger bekannten „Kleinen Trompeter“ verbunden. Der „Kleine Trompeter“ wurde durch das gleichnamige Lied bekannt, das ein reales historisches Ereignis aufgreift, das sich 1925 im halleschen „Volkspark“ ereignete. Der 1897 geborene hallesche Bürstenbinder Friedrich August Weineck, besser bekannt als Fritz Weineck, war Mitglied in einem paramilitärischen Kampfverbund der KPD, dem Rotfrontkämpferbund, und Hornist des Spielmannszuges. Unter bis heute nicht vollständig geklärten Umständen kam Fritz Weineck am Rande einer Wahlkampfveranstaltung der KPD zu den Präsidentschaftswahlen der Weimarer Republik im „Volkspark“ am 13. März 1925 zu Tode. Weinecks Tod wurde von der KPD, später auch von der DDR propagandistisch verwertet. Am später in Weineck-Ufer umbenannten Riveufer wurde das Trompeter-Denkmal errichtet. Die Weineck-Statue befindet sich heute im Stadtmuseum.

Der Hintereingang des Volksparks.

als Kulturhaus genutzt. Nach der Wende wurden die Räumlichkeiten nur noch selten in Anspruch genommen, die Bausubstanz wurde schlechter und schlechter. 2009 schließlich gab die SPD den Besitz dieses Gebäudes an den halleschen Verein Volkspark e. V. ab, der mit einer Teilsanierung dieses Komplexes begann. Heute finden in den Sälen zahlreiche Veranstaltungen statt, in den Sommermonaten wird im Hof ein Biergarten betrieben. Im Erdgeschoss befindet sich unter anderem die Galerie der Burg Giebichenstein Kunsthochschule Halle mit wechselnden Ausstellungen.

In Sichtweite des „Volksparks" sehen Sie nun die letzte Station dieses Rundgangs, **die Villa des Bankiers Lehmann (10)** in der Burgstraße 46. Das Lehmann'sche Bankhaus blickt auf eine Tradition seit 1780 zurück. Die Bankiersfamilie Lehmann wohnte bereits seit 1835 in der Burgstraße und erwarb nach und nach das gesamte Areal des heutigen Riveufers einschließlich des Felsplateaus zwischen Saaleufer, Burgstraße, Felsenstraße und Rainstraße.

Die Porphyrfelsen des heutigen Riveufers, die heute im Volksmund noch immer „Lehmanns Felsen" genannt werden, wurden noch bis Anfang des 19. Jahrhunderts als Steinbrüche genutzt. Die Saale reichte zur damaligen Zeit bis an die Felsen heran. Lehmann ließ auf dem Felsplateau Mutterboden aufbringen und verwandelte so das Areal in einen Park mit Wegen, Wildgehegen, Aussichtsturm und einem Pavillon. Heute noch erhalten ist der Panoramaweg, der einen imposanten Ausblick über das Saaletal ermöglicht.

1890 beauftragte Heinrich Franz Lehmann das hallesche Architekturbüro Knoch

Blick aufs Hauptportal, Vordereingang.

Die Villa Lehmann, etwa 1900 (G. Riehm).

& Kallmeyer mit der Errichtung einer standesgemäßen Villa auf seinem ausgedehnten Grundstück. Diese wurde freistehend inmitten eines Gartens als zweieinhalbgeschossiger Bau mit 96 Zimmern, Festsaal, Paradetreppe, Salon sowie einem Damen-, Herren- und Gesellschaftszimmer errichtet und nach zweijähriger Bauzeit 1892 vollendet. Mit einer Nutzfläche von rund 2.000 Quadratmetern hat sie fast die Maße eines Schlosses. Prägend für das Bild der Villa ist ein an der Südwestecke hochaufragender weithin sichtbarer Turm. Auch an diesem aus der Hochzeit des Historismus stammenden Gebäude lassen sich viele unterschiedliche Stilelemente der Gotik, der deutschen und der italienischen Renaissance bis hin zum Barock und Rokoko erkennen. Häufig wird Kritik an den Proportionen des Gebäudes laut. Unzweifelhaft ist das Hochparterregeschoss gegenüber dem ersten Obergeschoss so stark überhöht, dass das gesamte Gebäude trotz seiner gewaltigen Dimension vergleichsweise klein erscheint.

Nach jahrelangem Streit mit der Stadt musste Lehmann die Uferpromenade des heutigen Riveufers zu Beginn des 20. Jahrhunderts an die Stadt abgeben, da hier der Wasserhauptsammler bis zur Kläranlage auf dem Tafelwerder errichtet werden sollte. Zum Zeichen der Versöhnung stiftete Lehmann jedoch die Linden der Promenade, die noch heute das Ufer zieren. Nach dem Tod Heinz Franz Lehmanns im Jahr 1925 übernahm sein Sohn nicht nur die Bankgeschäfte, sondern auch die Villa. Im Zuge der Weltwirtschaftskrise ging das Bankhaus 1931 bankrott, die Villa fiel an die Stadt Halle. Nachdem zur Nazizeit die Hitlerjugend das Gebäude genutzt hatte, beherbergte die Villa nach dem Zweiten Weltkrieg universitäre Einrichtungen, letzte Nutzer waren die Musik-, Sport-, und Sprachwissenschaften. Seit 2002 steht die Villa leer und wurde 2006 an einen Frankfurter Geschäftsmann verkauft. Die Zukunft der Villa ist weiter ungewiss.

An diesem Punkt endet der Rundgang, die Straßenbahn (Linie 8, Haltestelle „Volkspark") hält direkt vor der Villa Lehmann. In der „Eisburg" gibt es leckeres Eis. Alternativ bietet sich ein Besuch im malerisch an der Saale gelegenen Restaurantschiff „Marie-Hedwig" an. Spazieren Sie etwa 400 Meter an der kleinen Straße am Riveufer entlang, und Sie erblicken den 1907 gebauten Lastsegler, der seit 1996 ein beliebtes Ausflugslokal der Saalestadt ist.

Salon der Villa Lehmann (1890/91), Aufnahme um 1900.

Die baufällige Villa Lehmann heute.

6. RUNDGANG

HALLES NEUER KIEZ

Reileck, Paulusviertel, Steintor

Die heutige Ludwig-Wucherer-Straße, die von den Bewohnern nur noch liebevoll „LuWU" genannt wird, hat sich in den letzten Jahren zu einem echten Kiez-Viertel entwickelt. Ob Szenekneipen, Ökoläden oder veganes Streetfood, alles findet hier ein liebevolles Zuhause. Tauchen Sie bei diesem Rundgang ein in das geschichtsträchtige Paulusviertel und lassen Sie sich vom neuen Flair am Steintor-Campus anstecken.

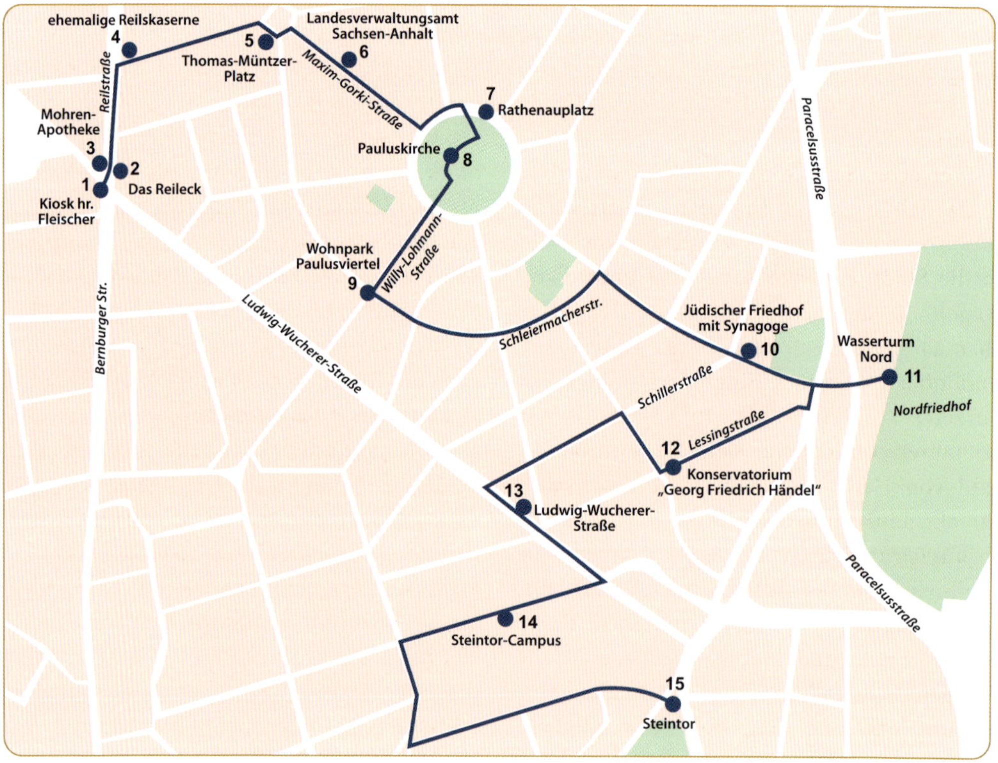

1,5 bis 2 Stunden

Reileck, Kiosk hr. Fleischer

Kiosk hr. Fleischer (1), Das Reileck (2), Mohren-Apotheke (3), ehemalige Reilskaserne (4), Thomas-Müntzer-Platz (5), Landesverwaltungsamt Sachsen-Anhalt (6), Rathenauplatz (7), Pauluskirche (8), Wohnpark Paulusviertel (9), Jüdischer Friedhof mit Synagoge (10), Wasserturm Nord (11), Konservatorium „Georg Friedrich Händel" (12), Ludwig-Wucherer-Straße (13), Steintor-Campus (14), Steintor (15)

Der sechste Rundgang führt Sie im ersten Teil durch eines der heute beliebtesten Wohnquartiere in Halle – das Paulusviertel. Einst zu Zeiten höchster Wohnungsnot auf dem Reißbrett geplant, entging es vor dreißig Jahren nur knapp dem großflächigen Abriss. Das Paulusviertel ist heute wieder als Gesamtensemble erlebbar und bietet damit im Rundgang 6 eine gute Gelegenheit, in diesen Teil der Stadtgeschichte von Halle einzutauchen. Das gesamte Areal zwischen Reileck und Steintor hat sich in den zurückliegenden dreißig Jahren zum Vorzeigeviertel von Halle entwickelt. Am oberen Ende der Ludwig-Wucherer-Straße, die von vielen Hallensern nur liebevoll „LuWu" genannt wird, entstand in jüngster Zeit der neue geisteswissenschaftliche Steintor-Campus mit dem Ende 2018 völlig neu gestalteten Platz Am Steintor. Auch hier ist der Wandel seit der politischen Wende unverkennbar.

Versetzen Sie sich zunächst einmal zurück in das Jahr 1880. Im Zuge der Industrialisierung zogen immer mehr Menschen vom Land in die Stadt, einfache Arbeiter, Handwerker, Angestellte der neu geschaffenen Behörden, aber auch Rechtsanwälte, Ärzte, Ingenieure und höhere Beamte. Einige brachten es in kurzer Zeit zu Wohlstand. Innerhalb von nur 20 Jahren verdoppelte sich die Einwohnerzahl von Halle. Der Bedarf an Wohnraum für alle Einkommensschichten war immens. In kürzester Zeit entstanden so immer neue Wohnviertel in der aufstrebenden Stadt Halle. Die Bebauung des Areals zwischen Bernburger Straße und Ludwig-Wucherer-Straße war gerade in vollem Gange. In der Stadtverwaltung erkannte man die Notwendigkeit, den weiteren Ausbau der Stadt in geordnete Bahnen zu lenken. Vieles war dabei in einer modernen Großstadt, die Halle Ende des 19. Jahrhunderts wurde, zu bedenken: die Versorgung mit sauberem Trinkwasser, die Abwasserentsorgung, die Stadtbeleuchtung, später auch die Versorgung mit Stadtgas und Elektroenergie und der Aufbau eines leistungsfähigen Schul- und Gesundheitssystems. Ein moderner Personennahverkehr wurde notwendig, um die zahlreichen Arbeitskräfte in die immer entfernter gelegenen Industriebetriebe – vorrangig im Süden der Stadt – zu transportieren. Nicht zuletzt sollte das neue Stadtviertel die aufstrebende Großstadt Halle gebührend repräsentieren.

Der Stadtbaurat Otto-Karl Lohausen legte dazu 1881 einen Bebauungsplan für die heute als Paulusviertel bezeichnete nordöstliche Stadterweiterung vor. Die zur Verfügung stehende Fläche sollte dabei optimal genutzt werden. Zudem galt es, die natürliche Morphologie mit der Erhebung des Hasenberges im Zentrum städtebaulich geschickt zu nutzen. Sternförmige Plätze standen zu dieser Zeit bei den Stadtplanern hoch im Kurs, da diese das als langweilig empfundene rechteckige Baublockmuster aufbrachen und markante Punkte im Stadtbild schufen. Beispiele im nördlichen Stadtbild von Halle sind neben dem Rathenau-Platz im Zentrum des Paulusviertels das Reileck, das Steintor und der Thomas-Müntzer-Platz, die Sie im Rundgang 6 besuchen, aber auch der August-Bebel-Platz und der Rosa-Luxemburg-Platz aus Rundgang 5.

Lohausen sah für das neue Stadtviertel ein System aus zwei konzentrischen Kreisen vor. Sie verlaufen um einen zentralen Platz und werden durch strahlenförmig abgehende Straßen an die umliegenden Wohnviertel angebunden. Dadurch wurden zahlreiche Sichtachsen zum zentralen Platz geschaffen. Die Gestaltung dieses zentralen Platzes war zu diesem Zeitpunkt noch unklar, denn das Bauland war im Eigentum weniger privater Spekulanten, und die Marktmechanismen waren zu dieser Zeit noch sehr ungezügelt. Die Bebauung des südlichen Teils des Paulusviertels war 1915 im Wesentlichen abgeschlossen. Anschließend stockte die weitere Entwicklung des Stadtvier-

Das Reileck.

Blick nach Osten in die Ludwig-Wucherer-Straße (G. Riehm).

Johann Christian Reil (1759–1813)

Johann Christian Reil galt als einer der bedeutendsten Ärzte seiner Zeit, der sowohl die theoretische als auch die praktische Medizin beherrschte. Seine zahllosen Publikationen waren zum Teil Meilensteine der medizinischen Wissenschaft. Insbesondere seine Erkenntnisse über den Bau des Gehirns und der Nerven, die er 1796 veröffentlichte, waren bahnbrechend. Reil gilt aufgrund seiner psychiatrischen Arbeiten als Begründer der modernen Neurologie und Psychiatrie. Er prägte 1808 erstmals den Begriff „Psychiatrie".
Reil, geboren in Ostfriesland, studierte zunächst in Göttingen und Halle Medizin und hat in Berlin promoviert. 1787 wurde er zum Professor der Medizin an der Universität Halle und bereits ein Jahr später zum Direktor des Klinikums sowie zum Stadtphysikus ernannt. In Halle profilierte sich Reil daneben als Förderer des Badewesens. 1809 wurde in Halle die erste Kur-Badeanstalt eröffnet. Zu Reils Kur-Konzept gehörte auch ein Theaterbetrieb. So verwundert es nicht, dass zu den zahlreichen Kurgästen auch Johann Wolfgang von Goethe gehörte, der Reil hoch schätzte.
Der preußische König Friedrich Wilhelm III. schenkte ihm 1803 einen als Weinberg und Schafweide genutzten Berg in Giebichenstein, den heutigen Reilsberg. Reil baute hier eine Villa (heute Reil'sche Villa), ließ den Berg zu einem Park umgestalten und suchte sich dort noch zu Lebzeiten ein prähistorisches Steingrab als Grabstätte aus. 1901 wurde auf dem Reilsberg der Hallesche Bergzoo eröffnet. Das Grab ist noch heute zu besichtigen (nahe dem Aussichtsturm).
1810 gehörte Reil zu den Ratgebern Wilhelm von Humboldts und arbeitete für die Berliner Charité. Er setzte sich für die Verbesserung der katastrophalen Zustände der Lazarette in Preußen ein. In den Befreiungskriegen übernahm er Anfang Oktober 1813 die Leitung der Militärhospitäler in Leipzig und Halle. Er erlebte die Völkerschlacht bei Leipzig, deren 30.000 Verwundete kaum ausreichend versorgt werden konnten. Er selbst erkrankte dort an Typhus und reiste bereits stark geschwächt zurück nach Halle, wo er am 22. November 1813 starb.

Der „Mohr" an der Apotheke.

tels, sodass das ursprüngliche Konzept von Lohausen nicht vollständig umgesetzt werden konnte. Im Nordosten zwischen dem südlichen Ende der Schleiermacherstraße und dem östlichen Ende der Herweghstraße befinden sich bis heute Gärten. Die letzten Parzellen im Nordosten wurden erst in den 1990er Jahren bebaut. Ursächlich hierfür sind auch die altbergbaubedingten schwierigen Baugrundverhältnisse. Noch heute treten hier gelegentlich Erdfälle auf.

Der Rundgang startet unmittelbar am Reileck in der Bernburger Straße am **Kiosk hr. Fleischer (1),** einem ehemaligen typischen Zeitungskiosk, wie sie mittlerweile fast vollständig aus dem Stadtbild verschwunden sind. Dieser Startpunkt mag zunächst ungewöhnlich erscheinen – jedoch ist der Fleischerkiosk ein schönes Beispiel für die sehr vielfältige Kulturszene in Halle. Der ehemalige Zeitungskiosk wird heute von einem Verein betrieben, der den Namen des letzten Betreibers, Herrn Fleischer, trägt. Als eine Art Mikrokosmos von Kunst im öffentlichen Raum werden mehrmals jährlich wechselnde Ausstellungen zu ganz unterschiedlichen Themen gezeigt, die oft auch mit Aktionen vor Ort einhergehen *(hr. fleischer e. V., Kunst- und Projektraum Kiosk am Reileck, www.herrfleischer.de).*

Wenden Sie nun Ihren Blick auf das belebte **Reileck (2).** Die Bezeichnung Reileck tauchte

Die Mohren-Apotheke

Der Begriff „Mohr" wird auf der Internetseite der „Mohren-Apotheke" im historischen Kontext erläutert. Viele Arzneien stellten einst die Apotheker aus teuren Gewürzen und Importdrogen her. Diese importierten sie aus der Heimat von Menschen mit dunkler Hautfarbe, die man damals Mohren nannte. Seit dem 16. Jahrhundert war der Begriff „Mohr" ausschließlich in dieser Bedeutung Teil der Umgangssprache.

Das Wort Mohr wird heute noch im historischen oder literarischen Zusammenhang oder als Teil von Bezeichnungen, z. B. als Wappenfigur in der Wappenkunde benutzt. Der Begriff Mohr in diesem und vor allem historischen Kontext will aber niemals Menschen mit dunkler Hautfarbe diskriminieren.

Zwischen zwei Fenstern des ersten Stockwerks ziert der heilige Mauritius die historische Apotheke bereits seit ihrem Bestehen 1894 als Schutzheiliger. Seit etwa 1250 wurde Mauritius in der Ikonografie als Mauretanier, also als Mohr mit dunkler Hautfarbe, dargestellt. Er galt unter anderem als Schutzpatron aller Handwerker, die mit dunkler Farbe umgehen, auch der Krämer und anderer Berufe, der bei Ohrenleiden, Besessenheit, Gicht und kranken Kindern angerufen wird.

das erste Mal offiziell im Jahr 1948 in den Geschichtsbüchern und Tageszeitungen auf. Viele Hallenser verwendeten den Begriff aber schon seit den frühen 1920er-Jahren.

Auffallend ist linker Hand der große goldene Schriftzug „Reileck", der hoch oben an dem vor Kurzem sanierten Eckhaus in der Bernburger Straße 16 prangt und die gegenüber liegende historische **Mohren-Apotheke (3)**.

Überqueren Sie nun mit aller Vorsicht den Platz zur Apotheke. Über dem umlaufenden Sims ist über dem Schriftzug „Reileck" ein „Mohr" (siehe Kasten). Ein kurzer Besuch der Apotheke lohnt sich, denn das historische Interieur ist sehenswert.

Gehen Sie nun die Reilstraße entlang in Richtung Norden, vorbei an der Poli-Reil und biegen Sie rechts in die Schopenhauerstraße ein. Auf der linken Seite befindet sich die Bundesagentur für Arbeit. In den 1990er-Jahren wurde die **ehemalige Reilskaserne (4)** zu einem großen Verwaltungskomplex umgebaut. Entlang der Reilstraße erstreckt sich dieser monumentale Ziegelbau, der zwischen 1881 und 1884 für die militärischen Einheiten des Preußischen Infanterieregimentes 36 erbaut wurde. Das Gebäude untergliederte sich in unterschiedliche Unterkunftsbereiche für Offiziere, Unteroffiziere, Stab und einfache Soldaten. Zusätzlich wurde die repräsentative Kaserne 1892 mit einem Kasino und einer Reithalle erweitert. Über hundert Jahre lang wurde dieses Gebäude militärisch genutzt, angefangen von der preußischen Armee, über die Wehrmacht, folgend die Nationale Volksarmee der DDR bis hin zur Bundeswehr.

Die ehemalige Kaserne Reilstraße.

Am Ende der Straße treffen Sie auf den **Thomas-Müntzer-Platz (5)**, einen typischen sternförmigen kleinen Platz. Sie sind nun im Paulusviertel angekommen. Die Stadtplaner haben das Paulusviertel vorrangig als Wohngebiet geplant, doch wurden einzelne Parzellen auch für bedeutende Verwaltungsgebäude vorgesehen. Die Straßen wurden entsprechend ihrer Funktion und ihrer Repräsentationswirkung unterschiedlich gestaltet. Die Ringstraßen und einige repräsentative Straßenzüge wurden mit beidseitiger Baumbepflanzung und Vorgärten konzipiert. Beispiele hierfür sind die Schleiermacherstraße, die Herweghstraße (beides Ringstraßen) und die Maxim-Gorki-Straße, die alle vom heutigen Thomas-Müntzer-Platz abgehen. Im Gegensatz dazu ist die nach Norden führende Fischer-von-Erlach-Straße weit weniger prächtig, sie ist schmaler und die Wohnhäuser besitzen keine Vorgärten.

An der Südseite des Platzes befindet sich das Gebäude der ehemaligen Jentzsch'schen Kinderbewahranstalt Adelheidsruh, die zu Beginn des 20. Jahrhunderts der Versorgung und Erziehung von Kindern vornehmlich der Fabrikarbeiter diente. 1937 gelangte die Einrichtung an das Jugend- und Fürsorgeamt der Stadt Halle und wurde baulich erweitert. Nach dem Zweiten Weltkrieg dienten die Gebäude der Säuglingsbetreuung. 1990 zog das Jugendamt der Stadt Halle in die geschichtsträchtigen Räumlichkeiten ein. Seit dem Auszug

Der Thomas-Müntzer-Platz.

der Behörde steht der Komplex leer. Vermutlich wird auch dieser Verwaltungskomplex wie viele andere seinesgleichen zukünftig als Wohngebäude umgestaltet.

Biegen Sie nun in die Maxim-Gorki-Straße ein. Nicht verfehlen können Sie hier die gegenüber liegenden Verwaltungsgebäude der ehemaligen Landwirtschaftlichen Zentralgenossenschaft (links) und der ehemaligen Genossenschaftsbank (rechts). Architekt beider Gebäude ist Hermann Frede (1883–1965), der in Halle zu Beginn des 20. Jahrhunderts

Pergola am Landesverwaltungsamt Sachsen-Anhalt.

Architektonisches Detail an der Eingangstür des Landesverwaltungsamtes.

zahlreiche Spuren hinterlassen hat und uns auf unserem Rundgang noch mehrmals begegnen wird.

Das Verwaltungsgebäude der Landwirtschaftlichen Zentralgenossenschaft, das heute durch das **Landesverwaltungsamt Sachsen-Anhalt (6)** genutzt wird, ist ein beeindruckendes Zeugnis der Architektur der 1920er-Jahre. Nach der Abkehr vom Historismus zu Beginn der 1920er-Jahre sticht der Komplex mit Sachlichkeit und klarer Formensprache hervor. Der dreigeschossige Hauptbau tritt von der Straße zurück und bildet mit zwei Seitenflügeln eine ehrenhofartige Anlage. Markant ist dabei insbesondere die die Seitenflügel verbindende Pfeilerreihe mit Architrav, die mit verschiedenen Rosetten geschmückt ist. Über dem Eingangsportal ist der Schriftzug „Einigkeit macht stark" eingemeißelt, ein genossenschaftlicher Leitspruch. Das Eingangsportal ist mit figürlichen und ornamen-

Hermann Frede (1883–1965)

Hermann Frede – den meisten Hallensern namentlich sicher unbekannt – beeinflusste das Baugeschehen in den 1920er- und 1930er-Jahren wesentlich. Nach der Abkehr vom Historismus war die Architektur auch in Halle von Sachlichkeit und Funktionalität geprägt. Von Frede entworfene Viertel, Verwaltungsgebäude und Wohnhäuser prägen bis heute das Bild der Stadt.
1883 in Bochum geboren, siedelte er 1909 nach Halle über und gründete 1912 ein Architekturbüro. Aus Fredes Feder stammen die Entwürfe der 1913–1919 erbauten „Gartenstadt am Mühlrain", dem heutigen Thaerviertel. Als „Haus- und Hofarchitekt" des Bauvereins für Kleinwohnungen e. G. Halle entwarf er zahlreiche weitere Wohnanlagen, beispielsweise in der Wörmlitzer Straße, in der Liebenauer Straße und in der Marsstraße. Diese Wohnanlagen sind fast vollständig erhalten, saniert und stehen bei Mietern noch immer hoch im Kurs. Frede entwarf zudem zahlreiche Verwaltungsgebäude wie das der Landwirtschaftlichen Zentralgenossenschaft und der Genossenschaftsbank an der Maxim-Gorki-Straße und das Verwaltungsgebäude der IG Farben, Bergwerksverwaltung, des heutigen Landesamtes für Statistik an der Merseburger Straße. Markante von ihm entworfene Wohnhäuser in Halle sind die Dittenbergerstraße 7, Hollystraße 7, Neuwerk 7 und 18, Kirchtor 11, Thielestraße 5, Nachtigallenweg 1 und Albert-Schweitzer-Straße 51.
Im Zweiten Weltkrieg war Frede als Spezialist für Luftschutzbauten tätig. Nach Kriegsende nahm er eine Anstellung als

Leit-Architekt im Entwurfsbüro „Hochbau Halle/S." an. Den Zwängen durch die starke Typisierung der Bauten zu dieser Zeit konnte er sich jedoch nicht lange unterwerfen, sodass er bis zu seinem Tod im Jahr 1965 als freier Architekt in Halle wirkte, auch wenn dadurch seine Tätigkeit auf kleine Privataufträge beschränkt blieb.

talen Motiven aus der Landwirtschaft gestaltet. Passend dazu sind die schweren Eingangstüren gearbeitet. Die Verwendung des grobporigen Travertins für Fassadenverkleidung, Treppenanlage und Pfeilerreihe mit Architrav geben dem Komplex sein charakteristisches Erscheinungsbild. Sollten Sie wochentags unterwegs sein, ist eine Besichtigung der Innenräumlichkeiten, insbesondere des Treppenhauses sehr empfehlenswert.

Das gegenüber liegende ehemalige Verwaltungsgebäude der Genossenschaftsbank wird 2019 ebenso wie zahlreiche andere ehemalige Verwaltungsgebäude im Paulusviertel als Wohnanlage umgestaltet. Es bleibt abzuwarten, inwieweit das ursprüngliche Erscheinungsbild des Gebäudes erhalten bleibt.

Gehen Sie weiter zum Rathenauplatz, dem ehemaligen Kaiserplatz. Sie befinden sich nun auf der inneren Ringstraße des Paulusviertels am Fuße der für das Viertel namensgebenden Pauluskirche. Bevor Sie sich der Pauluskirche zuwenden, lohnt sich ein Rundgang entlang des **Rathenauplatzes (7).**

Die Bebauung des Platzes erfolgte hauptsächlich zwischen 1911 und 1914 durch Stadtvillen mit hoher Repräsentationswirkung. Bis heute zählt diese Straße zu den gefragtesten und damit teuersten Immobiliengrundstücken in Halle.

Gehen Sie nun den Rathenauplatz am besten links entlang und bewundern Sie die

Eine der Villen am Rathenauplatz.

zahlreichen Stadtvillen. Die Architektur ist ein mustergültiges Beispiel des Historismus. Die Architekten überboten sich mit unzähligen Gestaltungselementen aus Renaissance, Barock und Klassik – mit Balkons, Erkern, Gauben, Säulen und Ornamenten. Alle Häuser besitzen breite Vorgärten, die gemeinsam mit dem landschaftsgartenartigen Umfeld der Pauluskirche eine grüne Oase inmitten des Viertels bilden. Es wurde bewusst vermieden, einzelne Villen herauszuheben. Entscheiden Sie selbst, welche der Villen Ihnen am besten gefällt. Achten Sie auch auf die Stolpersteine im Gehweg. Sie verweisen auf das Schicksal der Menschen, die in der NS-Zeit verfolgt, deportiert, ermordet und vertrieben wurden. Sie erinnern damit an eines der düstersten Kapitel in der halleschen Stadtgeschichte.

Sobald Sie am Abzweig in die Willy-Lohmann-Straße, die ehemalige Kaiserstraße, angekommen sind, sehen Sie auf der anderen Seite die imposante Treppenanlage, die zur **Pauluskirche (8)** führt.

Historische Aufnahme vom Hasenberg vor der Bebauung (G. Riehm).

Luftaufnahme des Paulusviertels mit der zentralen Pauluskirche (M. Metz).

In der Abbildung ist das Areal des Hasenberges vor dessen Bebauung zu sehen. Die natürliche Erhebung, die aus einer Kuppe aus Halleschem Quarzporphyr besteht, bot sich als Zentrum für das Stadtviertel an. Lange Zeit war unklar, wie dieser zentrale Platz bebaut werden sollte. Durch das sprunghafte Bevölkerungswachstum wuchs auch der Bedarf an Kirchengebäuden. Die Ende des 19. Jahrhunderts neu gebaute Stephanuskirche in der Nähe des Reilecks stieß schon bald an ihre Kapazitätsgrenze. So entstand die Idee, den Platz mit einer Kirche zu bebauen. Doch erst die persönliche Unterstützung der Kaiserin Auguste Viktoria und die Schenkung des Grundstückes auf dem Kaiserplatz durch einen halleschen Bürger im Jahr 1897 ermöglichten dann 1900 den Bau der Kirche. Nach nur dreijähriger Bauzeit wurde die Kirche am 6. September 1903 in Gegenwart der Kaiserin Auguste Viktoria feierlich eingeweiht.

Historische Aufnahme der Kirche kurz nach der Erbauung.

Einweihung der Pauluskirche durch Kaiserin Auguste Viktoria

Das Kaiserpaar kommt! Damals war der Besuch des Kaiserpaares in der Provinz für die Bewohner ein besonderes Ereignis. Kaiserin Auguste Viktoria, geborene Prinzessin von Schleswig-Holstein-Sonderburg-Augustenburg, Ehefrau von Kaiser Wilhelm II., lag die Errichtung evangelischer Kirchen insbesondere in den neu entstehenden Arbeiterquartieren sehr am Herzen. So übernahm sie auch das Protektorat über den Bau der Pauluskirche und gewährte der Kirchengemeinde einen finanziellen Zuschuss über 25.000 Mark. Ihr zu Ehren wurde die Grundsteinlegung am 22. Oktober 1900, dem Geburtstag der Kaiserin, vollzogen. Zur feierlichen Weihe erschien die Kaiserin dann persönlich.

Am 5. September 1903 reiste das Kaiserpaar nach Halle. Kaiser Wilhelm II. weilte bei einem militärischen Manöver außerhalb von Halle. Auguste Viktoria dagegen besuchte zunächst zahlreiche wohltätige Einrichtungen. Ihr besonderes Augenmerk galt dabei der ehrenamt-

Einweihung durch die Kaiserin.

lichen Tätigkeit von Frauen in den Wohltätigkeits- und Gesundheitseinrichtungen der Stadt. Wohl wegen ihres sozialen Engagements war sie in der Bevölkerung beliebter als ihr Gatte, dessen Agieren in der Öffentlichkeit von der Bevölkerung oft kritisiert und verspottet wurde. Am 6. September 1903 schließlich erfolgte die Einweihung der Pauluskirche. Kaiserin Auguste fuhr mit einer Kutsche vom Bahnhof über die Magdeburger Straße und die Ludwig-Wucherer-Straße bis zur Einmündung in die Kaiserstraße, der heutigen Willy-Lohmann-Straße. Die Straßen waren aufwendig dekoriert. Die Kaiserin wurde von Mädchen in weißen Kleidern die Treppen hinauf zur Kirche geleitet. Natürlich ließ sich auch etliche lokale, politische, militärische und kirchliche Prominenz die Gelegenheit nicht nehmen, im Glanze der Kaiserin für einen Augenblick auch etwas heller zu scheinen.

Durch ihre exponierte Lage auf dem Hasenberg wirkt die Kirche größer und imposanter, als dies ihre Maße erwarten lassen. Die Kirche erhebt sich über dem Grundriss eines gedrungenen lateinischen Kreuzes und wird von einem mächtigen polygonalen, von Rundtürmen flankierten Vierungsturm bekrönt. Der Bau zeigt Formen der Backsteingotik, bringt jedoch in der Gruppierung der Baumassen auch Elemente der Spätromanik zur Geltung.

Die sehr farbenfrohe Ausmalung erfolgte durch den Berliner Kunstmaler und Innenarchitekten August Oetker (1859–1941). Die ursprünglichen Glocken aus Bronze wurden in den Weltkriegen eingeschmolzen und 1956 durch drei neue Stahlglocken ersetzt.

1972 erfolgte eine Restaurierung der Kirche. Dem damaligen puristischen Zeitgeist entsprechend wurde die Kirche durchweg weiß gestrichen und das Altar-Kruzifix sowie der große Kronleuchter entfernt. Ebenfalls nahm man die beiden vom Berliner Bildhauer

Die Pauluskirche.

Besichtigung der Pauluskirche:

über die Paulusgemeinde
Robert-Blum-Straße 11a
Tel. 0345 5233787
www.paulusgemeinde-halle.de
von Ostern bis Oktober, samstags und sonntags, 15–17 Uhr

Hermann Möller (1870–1931) geschaffenen Standbilder von Paulus und Petrus aus der Kirche. Zum 100. Geburtstag der Kirche 2003 wurde die neogotische Ausmalung weitgehend wiederhergestellt.

Die Paulusgemeinde scheint dem aktuellen Trend schwindender Mitgliederzahlen zu trotzen. Dies liegt sicher nicht nur an der Bevölkerungsstruktur im Paulusviertel, sondern auch an den vielfältigen Angeboten der Gemeinde insbesondere aus dem Bereich der Musik. Da die Kirchenmusik in der Gemeinde eine zentrale Rolle spielt, sind die Gottesdienste musikalisch reich ausgestattet. Zudem finden regelmäßig Konzerte in der Kirche statt. Ein Besuch des Kircheninneren lohnt sich allenthalben.

Die Gestaltung des hügeligen Umfeldes der Pauluskirche war 1903 vom Halleschen Verschönerungsverein deutschlandweit ausgeschrieben worden. Sieger wurde ein Entwurf, der die Gestaltung im Stil eines englischen Landschaftsgartens vorsah. Von der ursprünglichen Gestaltung ist heute nur noch wenig erkennbar, trotzdem ist die parkartige Anlage bei den Hallensern, insbesondere bei den Kindern, im Winter als Rodelberg beliebt. An den leider immer seltener werdenden Wintertagen wird dazu regelmäßig der gesamte Rathenauplatz für den Autoverkehr gesperrt.

Sie laufen nun die Willy-Lohmann-Straße entlang. Hier besteht nach Südwesten eine Sichtachse von der Pauluskirche bis zum

Die Pauluskirche innen.

August-Bebel-Platz. Auf der rechten Seite befindet sich der **Wohnpark Paulusviertel (9),** ein imposanter Gebäudekomplex der ehemaligen Landwirtschaftskammer der preußischen Provinz Sachsen.

In dem 1901–1902 errichteten vier- bis fünfgeschossigen Putzbau residierte zwischen 1946 und 1949 die erste Landesregierung Sachsen-Anhalts unter Ministerpräsident Erhard Hübner. Anschließend zogen der Rat des Bezirkes Halle, nach 1990 dann das Regierungspräsidium Sachsen-Anhalt und das Landesverwaltungsamt ein. Nach dem Auszug der Behörde im Jahr 2008 stand der riesige Komplex über viele Jahre leer, bis er zwischen 2015 und 2017 zum „Wohnpark Paulusviertel“ umgebaut wurde. Der Umbau war bei den Anwohnern des Paulusviertels sehr umstritten, bot jedoch die Gelegenheit, den imposanten Gebäudekomplex in sei-

Ehemalige Landwirtschaftskammer im Wohnpark Paulusviertel.

Moderner Neubau im Wohnpark Paulusviertel.

nem äußeren Erscheinungsbild weitgehend zu erhalten.

Die Architektur ist typisch für das Zeitalter des Historismus. Erkennbar sind zahlreiche Elemente der Neorenaissance wie Giebel, burgartige Treppentürme und Gauben. Prägend für die Architektur des Gebäudes ist der wuchtige Turm an der Ecke zur Schleiermacherstraße mit Schweifhaube.

Laufen Sie nun die Willy-Lohmann-Straße bis zur Schleiermacherstraße hinunter und biegen Sie dann nach links in den äußeren Ring des Paulusviertels ein. An der südwestlichen Ecke der Kreuzung Willy-Lohmann-Straße/Schleiermacherstraße befindet sich eines der wenigen Gebäude im südlichen Paulusviertel, das nicht im Stil des Historismus erbaut wurde. Das 1925 errichtete Gebäude ist ein gelungenes Beispiel der Architektur der 1920er-Jahre, die sich von den umliegenden Häusern deutlich abhebt. Nach der Sanierung des Gebäudes erstrahlt das Haus wieder in seiner ursprünglichen Farbgebung mit grüner Putzfront und rot hervorgehobenen Gesimsbändern.

Auch die Schleiermacherstraße wurde als Allee auf beiden Straßenseiten und mit Vorgärten geplant. Die repräsentativen Wohngebäude wurden überwiegend zwischen 1890 und 1915 errichtet. Mittlerweile sind nahezu alle Gebäude dieser Straße saniert und gehören ebenfalls zu den gefragtesten Wohnlagen in Halle.

Die Kiez-Atmosphäre des Paulusviertels können Sie beispielsweise an der Kreuzung Schleiermacherstraße/Viktor-Scheffel-Straße/Carl-von-Ossietzky-Straße erleben. Typische Kiez-Kneipen mit Freisitz laden hier insbesondere im Sommer zum Verweilen ein. Diese Kreuzung bietet auch eine gute Gelegenheit, das stadtplanerische Konzept für das Paulusviertel nachzuerleben. Die Wertigkeit der Wohnlagen nimmt von der Pauluskirche zu den Rändern des Viertels hin ab. Gutes Beispiel hierfür ist die Viktor-Scheffel-Straße. Diese Straße gehört nicht zu einer der Ringstraßen und besitzt keine Sichtbeziehung zur Pauluskirche. Die Straße wurde ohne Vorgärten und Baumbestand geplant. An diesem kleinen Platz ist auch die für die Jahrhundertwende typische Blockrandbebauung mustergültig erkennbar. Dabei wurden sämtliche Straßenfronten eines drei- oder viereckigen Blocks meist lückenlos mit Mehrfamilienhäusern um einen sich somit bildenden Innenhof bebaut. Aufgrund der hohen Wohnungsnot Ende des 19. Jahrhunderts wurden die Bau-

Die Gründerzeit

Das Paulusviertel wird umgangssprachlich häufig als typisches Gründerzeitviertel bezeichnet. Wirtschaftsgeschichtlich betrachtet, wird die Gründerzeit als die Periode bezeichnet, die mit der breiten Industrialisierung im 19. Jahrhundert einsetzte und mit dem großen Börsenkrach von 1873 („Gründerkrach") endete. Das Wort „Gründer" hatte aus diesem Grund damals einen eher negativen Klang, verloren doch zahlreiche Bürger ihr gesamtes Vermögen.
Davon abweichend wird der Begriff Gründerzeit im kunst- und architekturgeschichtlichen Verständnis umgangssprachlich für die gesamte Phase zwischen 1870 bis zum Beginn des 20. Jahrhunderts als Synonym für den Historismus gebraucht. Der Historismus fasst die Entwicklung der Stile der Neoromanik über die Neogotik, die Neorenaissance, den Neobarock und den Neoklassizismus des frühen 20. Jahrhunderts zusammen. Die Architekten griffen im Zeitalter des Historismus auf frühere Stilrichtungen zurück und kombinierten diese. In seiner Spätphase entstand parallel der Jugendstil, der den Historismus teilweise beeinflusste. Als Gegenbewegung entstand zu Beginn des 20. Jahrhunderts die Reformarchitektur, die später in die klassische Moderne mündete.

Blick auf die Pauluskirche von der Willy-Lohmann-Straße aus.

vorschriften immer weiter gelockert. Seit 1898 war Bebauung mit drei Wohnetagen zuzüglich Souterrain und ausgebautem Dachgeschoss erlaubt, auch die Innenhöfe durften deutlich enger bebaut werden. Hier wurden Seitenflügel und Hinterhäuser mit nur sehr engen Lichthöfen errichtet, die zu den berühmt-berüchtigten prekären Wohnverhältnissen in den abschätzig als Mietskasernen bezeichneten Wohngebäuden führten.

Schon durch die Stadtplaner im vorigen Jahrhundert war eine soziale Durchmischung im Paulusviertel angestrebt. Die einfachen Arbeiter und Angestellten in den Mietskasernen lebten im südlichen, äußeren Teil des Paulusviertels, je nach Einkommen im Souterrain und Hinterhof, die besser Situierten mieteten sich in der sogenannten Beletage ein. Die Wohnräume der ersten und zweiten Etage waren wärmer und trockener und besaßen die besten Ausstattungen mit Parkettfußboden und Stuckverzierung der Decken. Die Wohlhabenden bewohnten dagegen die Stadtvillen im inneren Teil des Paulusviertels.

Das Paulusviertel wurde während des Zweiten Weltkrieges von Zerstörungen verschont. Zu DDR-Zeiten besaßen Altbauten jedoch einen nur geringen Stellenwert. Die wenigen Ressourcen der Bauwirtschaft wurden in die wachsenden Plattenbausiedlungen geleitet. So verfielen die Altstadtquartiere wie auch das Paulusviertel immer weiter. Aufgrund des Wohnungsmangels waren die Häuser aber weiter bewohnt. Reparaturen wurden nur notdürftig vorgenommen. Die Fassaden waren düster und grau, der Putz bröckelte, zahlreiche Balkons und ganze Häuser waren baupolizeilich wegen Einsturzgefahr gesperrt. Die Abgase der Hausbrandöfen, in denen minderwertige Braunkohlebriketts verfeuert wurden, vergifteten die Luft und nagten zusätzlich an der Bausubstanz. In den 1980er-Jahren wurde das gesamte Areal zwischen Schleiermacherstraße

Hauptgebäude der Synagoge auf dem Jüdischen Friedhof.

und Ludwig-Wucherer-Straße abgeschrieben, perspektivisch sollte hier die gesamte Altbausubstanz durch Plattenbauten ersetzt werden. Im Rundgang 5 können Sie die Ergebnisse dieser bereits in den 1970er-Jahren begonnenen städtebaulichen Entwicklung sehen.

Als großes Glück – auch aus städtebaulicher Sicht – erwies sich die politische Wende im Jahr 1989 und der darauf folgende Stadtumbau. Nicht nur die Stadtvillen, sondern auch die als „Mietskasernen" verpönten Wohngebäude im Paulusviertel wurden nach und nach saniert. Noch unsanierte Gebäude waren bei Studenten und Künstlern begehrt, was zunehmend zur fortwährenden Aufwertung des Wohngebietes führte. Heute ist das Paulusviertel insbesondere bei jungen Familien sehr beliebt – trotz Parkplatznot und hoher Mieten.

Laufen Sie nun weiter die Schleiermacherstraße bis zu Kreuzung Humboldtstraße entlang, einer weiteren Sichtachse zur Pauluskirche, und biegen Sie dann rechts ab.

Sie laufen nun durch typische Blockrandbebauungsquartiere, die in den vergangenen dreißig Jahren fast vollständig saniert wurden. Die Stellung der Innenhöfe hat sich dabei grundlegend gewandelt. Diese waren früher unattraktiv, grau und dunkel. In den Wohnungen waren an den Seiten zum Hinterhof die weniger attraktiven Wohnräume angeordnet, die Fenster waren kleiner als die zur Straßenseite. Heute besitzen die Innenhöfe einen hohen Stellenwert. Die Seitenflügel und Hinterhäuser in den Innenhöfen wurden teilweise abgerissen, häufig sind die Hinterhöfe begrünt und liebevoll gepflegt. Dem Anspruch an moderne Wohnungen folgend, wurden in den Innenhöfen an fast allen Wohngebäuden Balkons angebaut. So vereinen die Altbauwohnungen die quirlige Urbanität mit der Ruhe der Höfe.

An der Kreuzung Schillerstraße befindet sich die traditionsreiche Bäckerei Karl Kolb. Nur in dieser ist der einzigartige Hallorenkuchen erhältlich. Gegenüber steht gegenwärtig

Das Gräberfeld auf dem Jüdischen Friedhof.

Die Synagoge von innen.

Der Wasserturm Nord.

Ein Wasserspender am Wasserturm Nord.

noch eines der letzten unsanierten Gebäude des Viertels. Nach der Kreuzung sehen Sie bereits den 54 Meter hohen Wasserturm Nord, der wie die Pauluskirche die Silhouette der Stadt Halle prägt.

Zuvor passieren Sie auf der linken Seite den **Jüdischen Friedhof mit der neuen Synagoge (10).** Die Geschichte der jüdischen Gemeinde in der Stadt Halle wird bereits im Rundgang 1 beschrieben. Nach der Zerstörung der Synagoge am Großen Berlin in der „Pogromnacht" im Jahr 1938 wurde nach dem Zweiten Weltkrieg die ehemalige Begräbnishalle auf dem jüdischen Friedhof in der Humboldtstraße als Synagoge ausgebaut und noch heute durch eine der beiden jüdischen Gemeinden der Stadt als solche genutzt.

Die Versorgung der neuen Stadtteile mit sauberem Trinkwasser, das im neu gebauten Wasserwerk in der Saale-Elster-Aue in Beesen gefördert wurde, war eine der Herausforderungen der Stadtplaner am Ende des 19. Jahrhunderts. In Ermangelung leistungsstarker Pumpen wurde anders als heute der Wasserdruck in den immer höher werdenden Wohngebäuden durch große Wasserbehälter erzeugt, die in Wassertürmen installiert wurden. Entsprechend mussten die Wassertürme in hoch gelegenen Gebieten errichtet werden, was zu deren exponierter Lage im Stadtbild beitrug. Der Hochbehälter des **Wasserturms Nord (11)** besitzt einen Inhalt von 1.500 Kubikmetern und ist mit dekorativem Stahlfachwerk umkleidet. Die für diese Konstruktionsart typische Kehle zwischen Schaft und Wassertank sowie der gegenläufig geschweifte Helm geben dem Turm sein charakteristisches Erscheinungsbild. Der Wasserturm wurde von 1992 bis 1999 saniert und kann besichtigt werden *(Besichtigungen und Führungen auf Anfrage unter www.wasser-tuerme-halle.com).*

Das Konservatorium „Georg Friedrich Händel".

Sie befinden sich nun am nordöstlichen Rand des Paulusviertels. Biegen Sie am Ende der Humboldtstraße scharf rechts in die Lessingstraße ein. Die Lessingstraße bildet eine Sichtachse zwischen Wasserturm und Ludwig-Wucherer-Straße. Deutlich wird, dass die Lessingstraße keine Repräsentationswirkung innehatte, was anhand fehlender Baumpflanzungen und Vorgärten sowie vergleichsweise sparsamer Gestaltungselemente an den Fassaden ersichtlich wird.

Wohnhaus in der Schillerstraße.

Der offene Durchgang in der Lessingstraße 20 ermöglicht einen Blick in einen der Innenhöfe des Quartiers. Im weiteren Verlauf der Lessingstraße folgt auf der rechten Seite das **Konservatorium „Georg Friedrich Händel" (12),** das sich von der Lessingstraße bis zur Schillerstraße erstreckt. Auch dieser Gebäudekomplex besitzt eine wechselvolle Geschichte. Durch die schnell wachsende Einwohnerzahl und das zu dieser Zeit aufkommende Bestreben, allen Bevölkerungsschichten ein Mindestmaß an Bildung zu vermitteln, wuchs auch der Bedarf an Volksschulen. Der damals bei Schulen üblichen Geschlechtertrennung folgend, wurden zwei symmetrische Schulgebäude errichtet – in der Lessingstraße die „Lessingschule" für die Jungen und in der Schillerstraße die „Schillerschule" für Mädchen. Die Schulen waren ursprünglich durch eine Mauer auf dem Schulhof voneinander getrennt. Beide Schulgebäude waren durch eine Turnhalle miteinander verbunden, die von beiden Schulen genutzt wurde. Seit 1973 waren beide Schulgebäude gemeinsam durch die „Lessingschule" genutzt, eine Polytechnische Oberschule (POS) mit zehn Klassenstufen. Ab 1992 erfolgte stufenweise der Umbau zum Musikkonservatorium „Georg-Friedrich-Händel", wobei die ehemalige Turnhalle als Proben- und Konzertsaal genutzt wird.

An der Kreuzung Lessingstraße/Herderstraße lohnt sich ein kurzer Abstecher nach links in die Hollystraße. Das Wohngebäude Hollystraße 7 sticht hier mit seiner für das Paulusviertel ungewöhnlichen Architektur hervor. Architekt war der Ihnen bei Ihrem Rundgang bereits begegnete Hermann Frede, der das Wohnhaus 1927 plante. Die Fassade des viergeschossigen Backsteinbaus wirkt ruhig und schlicht. Sie zeichnet sich durch eine klar gegliederte symmetrische Form aus. Die vertikale Gliederung des Erkers setzt einen Kontrapunkt zur horizontalen Gliederung der restlichen Fassade. Gehen Sie nun zurück in die Herderstraße, Sie haben hier wieder einen schönen Blick auf die Pauluskirche. Von der Herder-Straße biegen Sie dann nach links in die Schillerstraße ein, die in ihrem südöstlichen Teil ebenfalls einen sehr repräsentativen Charakter besitzt. Genießen Sie noch einmal den Anblick der historistischen Fassaden der Häuser, die hinter breiten Vorgärten zurückgesetzt errichtet wurden. An der Kreuzung Schillerstraße/Carl-von-Ossietzky-Straße gehen Sie nach links und gelangen schließlich zur **Ludwig-Wucherer-Straße (13).**

Noch bis 1870 war die alte Magdeburger Heerstraße, die heutige Ludwig-Wucherer-Straße, eine mit italienischen Pappeln bepflanzte Allee außerhalb der Stadt, die vorbei an Gärten und am Hasenberg entlang zum Wittekindbad und nach Trotha führte. Mit der Errichtung neuer Wohngebiete – zunächst im Südwesten das Bebel-Viertel und schließlich das Paulusviertel an der nordöstlichen Seite – wurde die Ludwig-Wucherer-Straße zu einer der Hauptverkehrsachsen im damaligen Norden von Halle. Mit der 1892 von der AEG Stadtbahn Halle errichteten elektrischen

Sonnenuntergang in der „LuWu".

Blick in die heutige „LuWu" vom Reileck aus.

Straßenbahnlinie erfolgte eine Anbindung des Paulusviertels an die Innenstadt, an den Hauptbahnhof und an die im Süden gelegenen Industriebetriebe.

Einige Hallenser vergleichen die „LuWu" gar mit den steilen Straßenzügen in San Francisco, in denen sich die Cable Car hinaufziehen lässt, ein zugegeben sehr gewagter Vergleich. Nichtsdestotrotz entwickelt sich auch diese Straße gerade von einer vormals grauen, lauten und vom Verfall bedrohten Straße zu einer lebendigen und bunten Meile mit zahllosen Kneipen und Restaurants. Es bleibt spannend, die weitere Entwicklung dieser Straße zu beobachten.

Zur Ehrung und in Würdigung des verdienstvollen Kommunalpolitikers, Stadtrates und Fabrikanten Ludwig Wucherer (1790–1861) erhielt die einen Kilometer lange Chaussee 1884 den Namen „Wucherer-Straße". Ludwig Wucherer besaß im südlichen Teil der Straße ein großes Gartengrundstück, das 1862 nach seinem Tod Julius Kühn (1825–1910) erwarb. Julius Kühn nutze das Grundstück für das von ihm gegründete Landwirtschaftliche Institut. Dieses Gelände mit seiner wechselvollen Geschichte lernen Sie im folgenden Teil dieses Rundgangs kennen.

Überqueren Sie die Ludwig-Wucherer-Straße und gehen diese nach links bis zur Emil-Abderhalden-Straße. Hier sehen Sie auf der rechten Seite den Ende 2015 eröffneten **Steintor-Campus (14),** das neue universitäre Geistes- und Sozialwissenschaftliche Zentrum Halles.

Der Agrarwissenschaftler Julius Kühn (1825–1910) ließ hier vor mehr als 150 Jahren zunächst einen Nutzpflanzen- und einen Haustiergarten anlegen. Seine Idee war die Präsentation möglichst vieler Haustierrassen und ihrer Domestikation, um die Lehre der Tierzucht besser zu veranschaulichen. Es entstanden Stallanlagen für Schweine, Schafe, Esel, Ziegen, Gänse, Enten und Hühner sowie für Pferde. Einmalig waren die mittlerweile in freier Wildbahn ausgestorbenen Wildpferde. Bis zu 1.000 verschiedene Tiere sollen auf dem Gelände gelebt haben. Kühn gründete den ersten Lehrstuhl für Landwirtschaft in Deutschland und entwickelte als Institutsdirektor eine landwirtschaftliche Bildungsstätte, die heute noch die Grundlagen der Agrarwissenschaft prägt. Bis heute werden Präparate, insbesondere die Haustierskelett-Sammlungen, im Museum für Hautierkunde aufbewahrt und dienen der Wissenschaft.

Die Gebäude von Kühns Institut einschließlich der sehenswerten, mittlerweile sanierten Hörsäle sind beim Umbau erfreulicherweise erhalten geblieben. Es lohnt sich deshalb, mit offenem Auge den Campus zu entdecken, denn überall finden sich noch Spuren der agrarwissenschaftlichen Vergangenheit. So befinden sich im oberen Teil des Campus parkähnliche Ruheplätze, durchzogen von alten Baumbeständen. Die zahlreichen Büsten von prägenden agrarwissenschaftlichen Persönlichkeiten weisen auf die Geschichte dieses Ortes hin.

Historische Aufnahme des ehemaligen Haustiergartens.

2010 erfolgte der Umzug des Instituts für Agrar- und Ernährungswissenschaften der Martin-Luther-Universität Halle-Wittenberg nach Heide-Süd. Die Zukunft des riesigen Areals war zunächst ungewiss.

Schon mehr als ein Jahrzehnt lang gab es Überlegungen, die in der ganzen Stadt verstreuten geisteswissenschaftlichen Institute der halleschen Universität zu einem Campus zu vereinigen. Lange und kontrovers wurde nach einem geeigneten Standort gesucht, ursprünglich wurde das ehemalige „Loch" am Hallmarkt favorisiert, bevor man sich für das ungenutzte Gelände des Instituts für Agrar-

Der Bücher-Kubus mit seinen zahlreichen wissenschaftlichen Bibliotheken.

Julius-Kühn-Büste auf dem Campus.

und Ernährungswissenschaften entschied. Eine gute Entscheidung, wie sich heute zeigt.

Sechzehn verschiedene geisteswissenschaftliche Disziplinen sind nun auf dem Campus miteinander verknüpft: von Altertumswissenschaften, Germanistik, Historischen Wissenschaften, Japanologie, Philosophie bis zu Politikwissenschaften. Der neue Steintor-Campus bietet Platz für über 3.000 Studierende und ca. 350 Mitarbeiter.

Ins Auge fällt zunächst der fast 18 Meter hohe „Bücher-Kubus", ein architektonisches Highlight, der vom halleschen Büro DÄRR Landschaftsarchitekten entworfen wurde. Siebzehn verschiedene Fachbestände sind in der größten Zweigbibliothek der Universitäts- und Landesbibliothek zentral an einem Ort vereinigt.

Weiträumig geht dann das Gelände im Westen über zwei großzügige Freitreppen in eine offene Freifläche über. Eine weit ausgedehnte Rasenfläche verbindet zwei parallel verlaufende Wegachsen. Langgestreckte Sitz-

Der neu gestaltete Steintor-Platz 2019.

elemente aus Beton sowie angelegte Gräserbänder und junge Bäume ergeben eine harmonische Gestaltung des Platzes. Folgen Sie dem ersten Weg, entlang der neu errichteten Institutsgebäude bis zu den historischen Hörsälen der Agrarwissenschaften an der Adam-Kuckhoff-Straße. Die zweite nordwärts führende Wegachse führt vorbei am Museum für Haustierkunde in Richtung der neu entstandenen Steintor-Passage. Das gelungene neue Campus-Ensemble besitzt gemeinsam mit dem komplett umgebauten Platz Am Steintor eine positive Auswirkung auf den nördlichen Innenstadtbereich und die angrenzenden Stadtteile. Einziger Wermutstropfen bleibt der trostlose Zustand des alten landwirtschaftlichen Fakultätsgebäudes am östlichen Ende der Ludwig-Wucherer-Straße.

Gehen Sie nun durch die Steintor-Passage, und Sie befinden sich an einem weiteren Verkehrsknotenpunkt Halles, dem **Platz Am Steintor (15).** Das namensgebende Steintor befand sich übrigens – wie im Rundgang 1 beschrieben – weiter südlich an der ehemaligen Stadtmauer im Bereich des heutigen Joliot-Curie-Platzes. Herzstück des 2019 neu gestalteten Steintor-Platzes ist nach wie vor das Steintor-Varieté. 1868 befand sich hier eine Reithalle des Pferdehändlers Lözius. Seine zirkusähnlichen Attraktionen lockten immer mehr Besucher an, und schon bald hatte sich eine Art Interimsstadttheater etabliert. 1889 schließlich wurde das Walhalla-Theater als traditionelles Varieté eingeweiht – mit typischen

Museum für Haustierkunde „Julius Kühn“

Steintor-Campus
Adam-Kuckhoff-Straße 35a
www.naturkundemuseum.uni-halle.de
Führungen jeweils jeden zweiten Mittwoch des Monats um 17:00 Uhr oder auf Anfrage

Historische Postkarte vom Walhalla-Theater.

„Spezialitäten- und Nummern-Programmen“. Anfang des 20. Jahrhunderts gastierten immer wieder hochrangige Künstler im Haus, wie zum Beispiel der damals weltberühmte Karl Valentin. In den „Goldenen Zwanzigern“ erlebte das Varieté eine seiner Glanzzeiten. Stars wie der Humorist Otto Reuter, der Jongleur Enrico Rastelli oder die Künstlerin Claire Waldoff gaben sich die Klinke in die Hand. 1936 kam es aus wirtschaftlichen Gründen zur Schließung des Theaters. Aus dem Walhalla-Theater wurde 1943 das Steintor-Varieté. Nach Sanierungsarbeiten kam es 1955 zur Neueröffnung. Das Varieté war über 30 Jahre lang eines der besten Häuser der Unterhaltungskunst. An die Auftritte von DDR-Schlagergrößen wie Frank Schöbel, Monika Hauff und Klaus-Dieter Henkler, Dagmar Frederic, Thomas Lück, aber auch von westdeutschen Stars wie Katja Ebstein, Roy Black oder Knut Kiesewetter werden sich noch heute viele ältere Hallenser erinnern.

Der zunehmende bauliche Verfall und wirtschaftliche Turbulenzen führten 1993 zur Schließung des Steintors. Nach notwendigen Innensanierungsarbeiten und dem Umbau des Saales konnte das Haus erfreulicherweise 1996 wiedereröffnen. Neben den vielen Auftritten von nationalen und internationalen gastierenden Künstlern sind bis heute das jährliche Weihnachtssingen oder die traditionellen Weihnachtsrevuen um „Herrn Fuchs“ nicht mehr wegzudenken. Das Varieté ist heute ein fester Bestandteil in der halleschen Kulturlandschaft. Seit 2014 erstrahlt das Steintor-Varieté durch die neu sanierte Fassade auch wieder von außen *(www.steintor-variete.de).*

Am Steintor endet der Rundgang 6, mit einer der zahlreichen Straßenbahnlinien erreichen Sie nahezu jeden Punkt der Stadt.

Die restaurierte Außenfassade am Steintor-Varieté.

BILDNACHWEIS

Stadtarchiv Halle: S. 5, 7, 17, 22, 26, 29, 30, 38, 39, 51, 52, 57, 67, 73, 74, 78, 79, 83, 85, 92, 96, 109, 114, 116, 117, 120, 126

Stiftung Händel-Haus: S. 48

Martin-Luther-Universität Halle: S. 76

Maike Glöckner: S. 79

Simone Friese: S. 80

Dr. phil. Gerhard Richwien: S. 102

Zentralmagazin Naturwissenschaftlicher Sammlungen (ZNS): S. 139

Paulusgemeinde Halle: S. 127

Event-net GmbH, Rudenz Schramm: S. 141

Maximilian Metz: im Einband vorne/hinten, S. 6, 12/13, 98, 126

Dorothea Pelliccioni: S. 40, 42, 67, 92, 94, 103, 111, 130, 136, 137

Archiv StattReisen Halle: S. 18, 20, 72, 69 o.r., 80, 88-89 u., 93, 121, 122, 123, 124, 125, 128, 129, 132, 133, 139, 140, 142

Stefanie Elsner: alle anderen Bilder.

Shutterstock: Einband vorn oben (shutterstock/culture_blue)

Matthias Balg: Karten auf S. 14, 34, 62, 82, 100

Christian Bartz: Karte auf S. 118

LITERATUR UND QUELLEN

Bachmann, Felix: *Herrschaft und Wirkung. Adel und Großgrundbesitzer in Halle und dem westlichen Saalkreis,* mdv, Halle 2009.

Baron von Schulze-Galléra, Dr. Siegmar: *Die Stadt Halle. Ihre Geschichte und Kultur,* Gebauer Schwetschke Druckerei und Verlag A. G., Halle 1930.

Baron von Schulze-Galléra, Dr. Siegmar: *Hallisches Dunkel- und Nachtleben im 18. Jahrhundert,* Druck und Verlag von Wilhelm Hendrichs, Halle (Saale) 1930.

Brülls, Holger / Dietzsch, Thomas: *Architekturführer Halle an der Saale,* Dietrich Reimer Verlag, Berlin 2000. *Die Pauluskirche. Episoden über ein Gotteshaus in Halle,* Hörbuch, phonix verlag, Halle 2012.

Dolgner, Dieter: *Historische Villen der Stadt Halle/ Saale.* Druckerei Heinrich John, Halle 2003.

Dolgner, Dieter: *Der Rathenauplatz, aus: Historische Plätze der Stadt Halle an der Saale,* hrsgg. vom Verein für hallische Stadtgeschichte i. V. m. Angela Dolgner, mdv, Halle 2007

Förderverein Pro Halle e.V.: *Hallesche Erfindungen, Rekorde und Entdeckungen,* Halle 2015.

Friedrich, Klaus / Frühauf, Manfred (Hrsg.): *Halle und sein Umland. Geographischer Exkursionsführer,* mdv, Halle 2006.

Freitag, Werner / Ranft, Andreas: *Geschichte der Stadt Halle. Band 1. Halle im Mittelalter und in der Frühen Neuzeit,* Mitteldeutscher Verlag, Halle 2006.

Freitag, Werner / Minner, Katrin: *Geschichte der Stadt Halle. Band 2. Halle im 19. und 20. Jahrhundert,* mdv, Halle 2006.

Grashoff, Udo: *Die Hallesche Störung, Hasenverlag,* Halle 2008.

Grötschel, Peggy / Behne, Matthias: *Die Kirchen der Stadt Halle,* mdv, Halle 2006.

Grote, Ludwig: *Kardinal Albrecht und die Renaissance in Halle,* Waldersee Verlag, Halle 2006.

Hecht, Michael: *Die Pfänner – das „Salzpatriziat" von Halle, Kulturfalter des Vereins für Hallische Stadtgeschichte e.V.,* Halle 2005.

Hinz, Katharina: *Historische Brückenbauten, aus: Historische Bauten und Anlagen der Stadttechnik und des Verkehrs der Stadt Halle/Saale.,* hrsgg. von Dieter Dolgner in Zusammenarbeit mit Jens Lipsdorf, Freunde der Bau und Kunstdenkmale Sachsen-Anhalts e.V. sowie des Landesamtes für Denkmalpflege Sachsen-Anhalt, Halle 1997.

Jakob, Otto: *Die Klausberge. Dichter besangen ihre Naturschönheiten,* Hrsg. Bürgerinitiative „Gesundes Trotha" e.V., Halle (Saale) 1994.

Jacob, Ralf: *Geschichte des Verwaltungsgebäude Willy-Lohmann-Straße 7,* aus: Jahrbuch für hallische Stadtgeschichte 2016, hrsgg. im Auftrag des Vereins für hallische Stadtgeschichte e. V. von Ralf Jacob, Verlag Janos Stekovics, Halle 2016.

Kramer, Sabine/ Eisenmenger, Karsten (Hrsg.): *Die Marktkirche Unserer Lieben Frauen zu Halle,* hrsgg. von der Evangelischen Marktkirchengemeinde zu Halle, Verlag Janos Stekovics, Halle an der Saale 2004.

Lemmer; Manfred: *Der Saalaffe. Sagen aus Halle und Umgebung,* Der KinderbuchVerlag Berlin 2003.

Lipsdorf, Jens: *Hermann Frede. Ein hallescher Architekt zwischen Tradition und Moderne,* hrsgg. von Dieter Dolgner, Freunde der Bau und Kunstdenkmale Sachsen-Anhalts e.V., Halle 1998.

Miche, Ralf / Falkner, Thomas: *Das Heine-Denkmal in Halle-Trotha,* Hrsg. Bürgerinitiative „Gesundes Trotha" e.V., Halle 1996.

MITTELDEUTSCHE ZEITUNG VOM 5.2.2009: *Halle hatte die erste Büste.*

MORITZ, GUSTAV: *Geschichte der Moritzburg zu Halle, 4. vollständig neu bearbeitete Auflage,* Verlag von Herrmann Gesenius, Halle.

MRUSEK, HANS-JOACHIM: *Halle/Saale,* VEB E. A. Seemann Verlag, Leipzig 1976.

NAUHAUS, WILHELM: *Die Burg Giebichenstein. Geschichte einer deutschen Kunstschule 1915 bis 1933,* VEB E. A. Seemann Verlag, Leipzig 1981.

NEUMANN, ERIK: *„Vielleicht wird die Ludwig-Wucherer-Straße einmal Halles Kurfürstendamm" Zur Geschichte eines gründerzeitlichen Straßenzuges, aus: Jahrbuch für hallische Stadtgeschichte 2006,* hrsgg. im Auftrag des Vereins für hallische Stadtgeschichte e. V. von Ralf Jacob, Verlag Janos Stekovics, Halle 2006.

NEUMANN, ERIK: *Zwischen Varieté und Arbeitsamt. Zur Geschichte des Platzes „Am Steintor", aus: Jahrbuch für hallische Stadtgeschichte 2010,* hrsgg. im Auftrag des Vereins für hallische Stadtgeschichte e. V. von Ralf Jacob, Verlag Janos Stekovics, Halle 2010.

NEUMANN, ERIK: *„Tempo! Humor! Schöne Frauen! Spitzenleistungen",* aus: Jahrbuch für hallische Stadtgeschichte 2014, hrsgg. im Auftrag des Vereins für hallische Stadtgeschichte e. V. von Ralf Jacob, Verlag Janos Stekovics, Halle 2014.

NEUSS, ERICH / PIECHOCKI, WERNER: *Halle an der Saale,* Sachsenverlag, Dresden 1959.

PEISSNITZHAUS E. V.: *Die Romantischen Saaleinseln. Der Forstwerder und die Rabeninsel (Inselwanderung 2).*

PIECHOCKI, WERNER: *Die große Märkerstraße,* fliegenkopf verlag, Halle 1995.

RITTER, HEIDI / SCHERF, EVA: *Habe unbändig viel zu tun ... Johann Christian Reil,* Hasenverlag, Halle 2011.

SAUERBIER, CHRISTIAN: *„Kircheneinweihung und Kaiserbesuch – 115 Jahre Pauluskirche",* aus: Jahrbuch für hallische Stadtgeschichte 2018, hrsgg. im Auftrag des Vereins für hallische Stadtgeschichte e. V. von Ralf Jacob, Verlag Janos Stekovics, Halle 2018.

SCHLÖDER, DR. CHRISTIAN / JÜTTEMANN, DR. ANDREAS: *Unterwegs zwischen Paulusviertel und Burg Giebichenstein,* mdv, Halle 2017.

SCHNEIDER, KATJA / TIETZ, JÜRGEN: *Stiftung Moritzburg. nieto sobejano – das neue Kunstmuseum in Halle,* Hirmer Verlag, Halle 2008.

SCHULTKA, RÜDIGER / GÖBBEL, LUMINITA: *Die Hallesche Anatomie und ihre Sammlungen,* LAU-Verlag, Reinbeck 2005.

SEIDEL, CHRISTINA / WÜNSCH, KURT: *Das Nordbad. Kopfsprünge vom Zehnmeterturm,* hrsgg. von der Bürgerinitiative „Gesundes Trotha". e. V., Halle (Saale) 2008.

SPEICHERT, KATLEEN / WENZEL, CHRISTIN: *Die Volksschulen in der Lessing- und Schillerstraße (Volksschule Nr. VII), aus: Historische Schulbauten der Stadt Halle/Saale,* hrsgg. von Dieter Dolgner in Zusammenarbeit mit Angela Dolgner, Freunde der Bau und Kunstdenkmale Sachsen-Anhalts e. V., Halle 2003.

STADT HALLE (SAALE): *Garten- und Parkanlagen,* hrsgg. vom Fachbereich Stadtentwicklung und -planung, Halle 2004.

STADT HALLE (SAALE): *Halle (Saale). Die Stadt verändert sich,* fliegenkopf verlag, Halle 2002.

STADTMUSEUM HALLE (HRSG.): *„Als ein Student nach Halle kam ...",* Druckerei Franke, Halle 2002. *Studentenstammbuch des Ludwig Heinrich Gottfried Wittcke (1789–1793),* Sammlung Universitätsbibliothek Halle, Yg St.18.

SPELER, RALF-TORSTEN: *Vivat Academia, vivat Professores! Hallesches Studentenleben im 18. Jahrhundert, Martin-Luther-Universität Halle-Wittenberg, Zentrale Kustodie und Universitätsmuseum,* Halle 2011.

TIETZ, ANJA A.: *Der Stadtgottesacker in Halle (Saale),* fliegenkopf Verlag, Halle 2004.

TRIEDER, SIMONE: *Dichtergarten Giebichenstein. Romantiker in Halle, Hasen-Edition Halle/Saale, Mitteldeutsche kulturhistorische Hefte, Heft Nr. 9,* Halle 2006.

TRIEDER, SIMONE: *Leben am Fluss. Die Saale in Halle, Hasen-Edition Halle/Saale, Mitteldeutsche kulturhistorische Hefte, Heft Nr. 2,* Halle 2006.

Trothaer Geschichte – Trothaer Geschichten. hrsgg. von der Bürgerinitiative „Gesundes Trotha" e. V., Halle 1995.

WÜNSCH, KURT: *Stadt-Lexikon [Fast] alles über Halle,* Herkules Verlag, Kassel 2008.

Internet:

www.stiftung-moritzburg.de
www.francke-halle.de
www.halle.de
www.leopoldina-halle.de
www.buergerstiftung-halle.de
www.paulusgemeinde-halle.de
http://fotoglasplatten.zns.uni-halle.de

[Fn.: {2013 - Jürgen Udolph, Ortsnamen als Geschichtsquelle, http://www.eurasischesmagazin.de/artikel/Ortsnamen-als-Geschichtsquelle/20040312, abgerufen am 23. Juni 2019} 2019: Jürgen Udolph, Die Ortsnamen Hall, Halle, Hallein, Hallstatt und das Salz, Bielefeld 2014.}]